爱学习书系
★ ★ ★
AI XUEXI
SHUXI

爱阅
学生最爱读的
80 本书

徐井才 ◎ 主编

北京出版集团公司
北京教育出版社

图书在版编目(CIP)数据

爱阅读:学生最爱读的 80 本书/徐井才主编. —北京:北京教育
出版社,2012.9

(爱学习书系)

ISBN 978 - 7 - 5522 - 1122 - 1

Ⅰ.①爱…　Ⅱ.①徐…　Ⅲ.①阅读课 – 小学 – 课外读物

Ⅳ.①G624.233

中国版本图书馆 CIP 数据核字(2012)第 222570 号

爱阅读——学生最爱读的 80 本书

徐井才　主编

*

北京出版集团公司

北京教育出版社　出版

(北京北三环中路 6 号)

邮政编码:100120

网址:www.bph.com.cn

北京出版集团公司总发行

全 国 各 地 书 店 经 销

永清县晔盛亚胶印有限公司印刷

*

710×1000　16 开本　14 印张　200000 字

2012 年 9 月第 1 版　2012 年 9 月第 1 次印刷

ISBN 978 - 7 - 5522 - 1122 - 1

定价:27.80 元

目　录

童话

寓言

古典名著

历险奇遇

动物故事

目　录

科普科幻

魔幻故事

成长故事

励志故事

诗歌散文

狐狸列那的故事

[法国]玛·阿希·吉罗夫人/编著
严大椿、胡毓演/译
少年儿童出版社

一部以狐狸为主角，描写动物生活的法国长篇民间故事。

玛·阿希·吉罗夫人，法国作家，生卒年不详，大约生活在12~13世纪。

认识这本书

狐狸列那的故事很早就在法国民间流传，作者已难以查考，最初是长篇叙事诗。后来，吉罗夫人把它改写成33篇散文体故事，就是今天流行的《狐狸列那的故事》。

这本书通过狐狸列那与狮王、公狼作斗争的故事，揭露了国王的专制、贵族的贪婪、教士的愚蠢，

呈现了中世纪法国各种社会力量矛盾和斗争的错综复杂的局面。作品以出色的喜剧手法和机智幽默的风格，对后来的文学产生了较大影响。拉·封丹的许多寓言就是在它的直接或间接启发下产生的。

狐狸列那是一个性格复杂的形象，在面对狮王的强权、公狼的霸道、雄鸡的弱小无助时，他总是能以自己的聪明机警左右逢源。它一方面欺压平民百姓，另一方面同强权豪门钩心斗角，并且能够战胜强大的对手。

精彩片段赏读

这一次是列那狐在引诱猎人。（"引诱"既表现了列那狐的机智聪明，也映衬了猎人们的愚蠢可笑。）

他像前一天一样，东绕西拐，又把大群猎狗和猎手引到城堡的吊桥边。接着，如同第一次一样，消失得无影无踪，谁也无法再找到他了。

一连三天，列那狐都是这样戏弄他们：早上，人们看到他在林中空地上乘凉，便去猎捕他，他却很快离奇地失踪了。城堡里的人们以为是着了魔。

第四天，王爷因为有个亲戚带着厚礼来拜访他，所以对这件事情稍微放松了一点。

人们起劲地猎取野猪，对列那狐也就不大注意了。晚上，猎人们回来时又看到了仿佛故意等着他们的那只狐狸，于是他们又向他扑去。

跟前几天一样，列那狐又立刻不见了。这件事成了大家与客人谈话的主题。

晚饭时，桌上摆满了大盘新鲜野味。坐在安乐椅上的客人抬头看着墙上说："哦，赞美上帝，你这儿挂着那么珍贵的十张狐皮。你想猎取的那一只也跟这些一样精美吗？"

"十张？"主人惊奇地问，因为到底有几张狐皮他记得很清楚，"不，只有九张。"（通过客人与主人的问答，制造了悬念。）

他还没有来得及继续说下去，门外传来了狗叫声。

客人笑了起来。

"那是我带来的狗，他对我很忠实，从来不离开我。"他说，"夫人，是否可以吩咐使女让他进来，像惯常那样躺在我的脚边。他跟随我多年，成了我的伙伴了。"

佣人开了门，狗就进来了。但是他根本不去主人的脚边，而是朝墙上挂着的狐皮狂叫起来。（作者没有直接解答读者的疑问，而是笔锋一转，用对狗的描写转移读者的视线。）

"这是怎么回事？"王爷说，"我们原来只有九张狐皮，现在却成了十张。"

于是王爷走近墙壁仔细观看。

"阁下！"他叫起来，"这简直是一件不可思议的事！你瞧，在这几张狐皮中间，不就有那只叫我们找得好苦的活狐狸吗？他在那儿高高地吊着装死呢。可是这一次，他逃不了啦！"

他伸手去抓列那狐，列那狐狠狠咬了他一口，然后趁大家因发现他而乱叫乱嚷的时候，又一次逃跑了。❀

——节选自《列那狐与猎人》中的《真假狐皮》

爱丽丝漫游奇境记

[英国]刘易斯·卡罗尔 /著　　约翰·坦尼尔爵士 /插图
王永年 /译
二十一世纪出版社

> 人的一生会有很多遗憾。其中一个不小的遗憾是：假如你小的时候没有读过《爱丽丝漫游奇境记》。
>
> ——儿童阅读推广人　梅子涵

　　刘易斯·卡罗尔（Lewis Carroll，1832—1898），英国数学家和逻辑学家。原名查尔斯·勒特威奇·道奇森，患有严重的口吃，在小说、诗歌、逻辑学领域都颇有建树，还是一位优秀的摄影师。《爱丽丝漫游奇境记》于1865年出版，并第一次使用刘易斯·卡罗尔这个笔名。他后来又写了一部姐妹篇，叫《爱丽丝镜中奇遇记》，同样风行于世。

认识这本书

　　《爱丽丝漫游奇境记》不仅风靡一时，还被改编成了各种体裁，其中1951年由迪斯尼改编的《爱丽丝漫游奇境记》最为著名。故事的雏形是卡罗尔兴之所致，源于他给好友罗宾逊的三个女儿讲的故事。

　　故事讲述的是一个叫爱丽丝的小女孩和姐姐在河边看书时睡着了，梦中她跟着一只穿着背心的兔子掉进了兔子洞，来到了另一个荒诞的奇妙天地：她时而变大时而变小，以至于有一次竟掉进了由自己的眼泪汇成的池塘里；她还遇到了爱说教的公爵夫人、神秘莫测的柴郡猫、动不动就要砍别人头的红心女王和一群扑克士兵……爱丽丝直到与女王发生冲突被砍头时才醒来，结果发现自己依然躺在河边，姐姐正温柔地拂去落在她脸上的几片树叶——在梦里她把那几片树

叶当成了扑克牌。

作品充满了有趣的文字游戏、双关语、谜语和益智语童话，以神奇的幻想、风趣的风格、盎然的诗情，打破了西欧传统儿童文学道德说教的刻板模式。

精彩片段赏读

渡渡鸟脸上有点挂不住了："能让我们把自己弄干的最好办法，是来个竞选式赛跑。""竞选式赛跑？"爱丽丝问道。这次可不是因为她爱问了，渡渡鸟说到这里突然停住了，好像希望能有人问，而别人偏偏没有搭话。（动作描写和心理描写，将渡渡鸟的自以为是刻画得惟妙惟肖。）"哦，你想知道吗？"渡渡鸟说道，"其实最好的办法就是亲自做一回。"（如果有谁想在冬天玩这种游戏，下面就会看到渡渡鸟是怎么做的了。）它先是画出一条比赛跑道，看上去有点像个圆圈。"圆不圆都没关系，"它说道，然后让大伙儿沿跑道分散站好，也不用说"一、二、三、开始！"而是谁想开始就开始，谁想停下，就停下，所以，很难知道比赛什么时候会结束。（这种想开始就开始、想停下就停下的比赛在人类看来真是不可思议又滑稽可笑，而在童话世界里又是那么合情合理。）正式比赛不过跑了大约半个小时后，身上差不多都干了，渡渡鸟突然大喊了一声"比赛结束"，于是大家都气喘吁吁地围拢过来，七嘴八舌地不停地问道："谁赢了？谁赢了？"（用词准确，写出了场面的杂乱。）这个问题差点难住渡渡鸟，它坐在那里用一个指头撑着前额想了好长时间（跟墙上挂的莎士比亚的姿态差不多），（比拟的手法，形象具体。）而别人都静静地等待着。最后，渡渡鸟说："每人都赢了，而且都有奖品！"

"谁给奖品呢？"大家齐声问。

"当然是她啦！"渡渡鸟用一个手指头指着爱丽丝说。于是，这一大群人立即围住了爱丽丝，胡乱喊叫着："奖品！奖品！"

爱丽丝真不知该怎么办了，她无可奈何地把手伸进了衣袋，嘿！拿出了一盒糖果，真幸运，还没给咸水浸透，她就把糖果作为奖品，发给了大家。正好每位分到一块，只是她自己没有。❀

——节选自《爱丽丝漫游奇境记》第三章《竞选式赛跑》

格林童话

[德国] 格林兄弟/收集整理
杨武能、杨悦/译
译林出版社

浓厚的地域特色和民族特色，神奇而又浪漫的故事，使它成为世界童话的经典之作。

雅各布·格林(Grimm Jacord, 1785—1863)和威廉·格林(Grimm Wilhelm, 1786—1859)即"格林兄弟"，德国民间文学研究者、语言学家。这两个出生在莱茵河畔哈瑙的兄弟，少年丧父，但他们并没有因此消沉，反而在那个动荡的年代里花了八年时间深入民间，收集方言与故事，将这些故事整理成了一本《德国儿童与家庭童话集》，这本书于1812年初出版，通称《格林童话》。

认识这本书

　　《格林童话》是世界童话王国中的一朵奇葩。自1812年问世以来，它已被译成近100种文字，在世界各国广泛流传。

　　《格林童话》篇章众多，取材广泛：第一种是神巫童话，讲述神力和巫术，如《白雪公主》；第二种是关于动物的故事，如《狼和七只小山羊》、《猫和老鼠交朋友》；第三种来自于民间故事，如《大施特劳斯和小施特劳斯》，彰显了正义与邪恶、善良与凶残、智慧与愚昧、勇敢与懦弱、勤劳与懒惰之间的对峙，字里行间充满了对弱者的同情以及对为非作歹者的尖锐批评和讽刺。

这些故事用德语方言写成，洋溢着浓郁的乡土气息，充满了浪漫的诗意想象和耐人寻味的温馨，让人感到这个世界是多么美丽。

精彩片段赏读

　　一进门，她就发现房子里的一切都布置得井井有条，十分整洁干净。一张桌子上铺着白布，上面摆放着七个小盘子，每个盘子里都装有一块面包和其他一些吃的东西，盘子旁边依次放着七个装满葡萄酒的玻璃杯和七把刀子和叉子等，靠墙还并排放着七张小床。（借白雪公主的眼睛把房子里的陈设写得井井有条，而且多次用"七"这个数字，为七个小矮人的出场埋下了伏笔。）此时她感到又饿又渴，也顾不得这是谁的了，走上前去从每块面包上切了一小块吃了，又把每只玻璃杯里的酒喝了一点点。吃过喝过之后，她觉得非常疲倦，想躺下休息休息，于是来到那些床前。七张床的每一张她几乎都试过了，不是这一张太长，就是那一张太短，直到试了第七张床才合适。她在上面躺下来，很快就睡着了。

　　不久，房子的主人们回来了，他们是七个在山里开矿采金子的小矮人。他们点亮七盏灯，马上发现有人动过房子里的东西。第一个问："谁坐过我的凳子？"第二个问："谁吃过我盘子里的东西？"第三个问："谁吃过我的面包？"第四个问："谁动了我的调羹？"第五个问："谁用过我的叉子？"第六个问："谁用过我的小刀？"第七个问："谁喝过我的葡萄酒？"（七个小矮人的问话简短而生动有趣，同时也与前面白雪公主进屋后的举动前后呼应。）第一个接着向四周瞧，走到床前，叫道："是谁在我的床上睡过？"其余的一听都跑过来，紧跟着他们也都叫了起来，因为他们都看得出有人在他们的床上躺过。第七个小矮人一看他的床上正睡着的白雪公主，立刻把他的兄弟们都叫了过来，他们拿来灯，仔细照着白雪公主看了好一阵子，惊奇地感叹道："我的天哪，她是一个多么可爱的孩子呀！"他们欣喜而又爱怜地看着她，生怕将她吵醒了。（侧面描写，表现白雪公主的美丽可爱。）晚上，第七个小矮人轮着和其他的几个小矮人每人睡一个小时，度过了这个夜晚。❀

——节选自《格林童话》中的故事《白雪公主》

骑鹅旅行记

[瑞典] 塞尔玛·拉格洛芙/著
高子英、李之义、杨永范/译
人民文学出版社

> 获此殊荣是由于她作品中特有的理想主义、生动的想象力、平易而优美的风格。
>
> ——诺贝尔文学奖获奖评语

塞尔玛·拉格洛芙（Selma Ottilia Lovisa Lagerlof，1858—1940），瑞典女作家。拉格洛芙从小喜欢听祖母讲故事，立志要当一个作家。长大后，她在一座小城当了十年中学的地理教师。《骑鹅旅行记》本来是作为一部学校地理教育读物而写的，不料竟成了世界文学艺术的珍品。由于其在文学上的突出贡献，从1991年开始，拉格洛芙的肖像被印在了瑞典20克朗钞票上。

认识这本书

《骑鹅旅行记》是瑞典女作家塞尔玛·拉格洛芙的代表作，1909年荣获诺贝尔文学奖，迄今已被译成50余种文字。

书中的主人公是瑞典南部乡村的一个14岁男孩尼尔斯·豪格尔森。尼尔斯是个调皮捣蛋的孩子，因恶作剧而得罪了精灵，被用魔法变成手指一般大的小人儿。他骑在鹅背上漫游世界，历经种种风险，做了很多有趣的事，最后在苦难与爱的洗礼中破除魔法，成为善良勇敢、人见人爱的美少年。

全书通过尼尔斯的所见所闻和穿插其中的大量童话、传说和故事，着重展示了瑞典的地理、文化、历史以及动植物的生活和生长规律，让人们在阅读中获取知识，了解世界。

精彩片段赏读

　　这次赶路是一次非常单调乏味的飞行。可是当乌云出现在天空中的时候，男孩子非常开心，觉得有东西可以消遣解闷了。在这之前，他只在地面上仰望过乌云，那时候他觉得乌云黑沉沉的，极其令人厌烦！

　　但是在云层里从上往下看去，那种景象就截然不同了。现在他触目所及的是，那些云层仿佛在空中行驶的一辆辆硕大无棚的大货车，车上的东西堆积如山：有些装的是灰色大麻袋，有些装载着一个个大桶，那些桶都大得足够装下一个湖的水，还有一些载满了很多大缸和大瓶，缸里和瓶里水满将溢。（把云层比喻成装满各种货物的大货车，形象而新奇。又用排比手法描写大货车所装的各种货物，具体生动，如在读者眼前。）这些货车日益增多，挤满了整个天空。正在这时，仿佛有人给了个信号，于是倾缸倒盆，连带倒瓶，汪洋大海一般的水一下子全倾泻到地上。（从天空俯视地面的角度描写下雨的场景，给读者别具一格的感受。）

　　当头一场春雨的雨点滴答到地面上的时候，所有灌木丛里和草地上的小鸟都欢呼雀跃起来，他们的欢呼声震到九霄云外，以至于坐在鹅背上的男孩子也不可避免被震得身体直跳起来。（用夸张的手法表现小鸟们对喜降春雨的欢呼，热烈而生动。）❀

　　　　　　——节选自《骑鹅旅行记》第一部分《表演大会》中《下雨了》一节

一千零一夜

作者不详
纳川/译
人民文学出版社

> 《一千零一夜》仿佛是一座宝山，你走了进去，总会发现你所喜欢的宝贝。
>
> ——著名作家　叶圣陶

作者不详。《一千零一夜》是劳动人民的集体创作，从口头创作到编订成书经历了一个漫长的历史过程。

认识这本书

《一千零一夜》又名《天方夜谭》，是一部具有浓厚东方色彩的文学名著，它是世界上最具生命力、最负盛名和拥有最多读者的伟大文学作品之一。

相传古代印度与中国之间有一个萨桑国，国王山鲁亚尔生性残暴嫉妒，每天娶一个少女，次日早晨即杀掉。宰相的女儿山鲁佐德为拯救无辜的女子，自愿嫁给国王，用讲述故事的方法吸引国王，每夜讲到最精彩处，天刚好亮了，国王为了听故事，允许她下一夜继续讲。就这样，山鲁佐德一直讲了一千零一夜，国王终于被感动，与她白首偕老，从而便有了《一千零一夜》这本书。

作者用天马行空的想象赋予这些故事以浓郁的浪漫主义色彩：无所不能的神灯与魔戒指、一夜间建立起来的宫殿、会飞行的乌木马……这些神奇的事物都是劳动人民智慧的结晶，它表达了人们征服自然、改造社会、战胜邪恶势力的积极进取精神。

精彩片段赏读

　　这时，一个首领模样的人背负沉重的鞍袋，从丛林中一直来到那个大石头跟前，喃喃地说道："芝麻，开门吧！"随着那个头目的喊声，大石头前突然出现一道宽阔的门路（场景描写新奇有趣，吸引读者。）于是强盗们鱼贯而入。那个首领走在最后。

　　首领刚进入洞内，那道大门便自动关上了。

　　由于洞中有强盗，阿里巴巴躲在树上窥探，不敢下树，他怕他们突然从洞中出来，自己落到他们手中，会被杀害。最后，他决心偷一匹马并赶着自己的毛驴溜回城去。就在他刚要下树的时候，山洞的门突然开了，（此处描写增强了故事的紧张感，扣人心弦。）强盗头目首先走出洞来，他站在门前，清点他的喽啰，见人已出来完了，便开始念咒语，说道："芝麻，关门吧！"

　　随着他的喊声，洞门自动关了起来。

　　经过首领的清点、检查后，没有发现问题，喽啰们便各自走到自己的马前，把空了的鞍袋提上马鞍，接着一个个纵身上马，跟随首领，扬长而去。

　　阿里巴巴呆在树上观察他们，直到他们走得无影无踪之后，才从树上下来。当初他之所以不敢贸然从树上下来，是害怕强盗当中会有人突然又返回来。（心理描写生动真实。）

　　此刻，他暗自道："我要试验一下这句咒语的作用，看我能否也将这个洞门打开。"于是他大声喊道："芝麻，开门吧！"他的喊声刚落，洞门立刻打开了。

　　他小心翼翼地走了进去，（表现了阿里巴巴初进山洞时好奇又惊恐的心理，十分形象。）举目一看，那是一个有穹顶的大洞，从洞顶的通气孔透进的光线，犹如点着一盏灯一样。开始，他以为既然是一个强盗穴，除了一片阴暗外，不会有其它的东西。可是事实出乎他的意料。洞中堆满了财物，让人目瞪口呆。一堆堆的丝绸、锦缎和绣花衣服，一堆堆彩色毡毯，

11

还有多得无法计数的金币银币，有的散堆在地上，有的盛在皮袋中。（排比，表现了财宝数量和品种之多以及堆放的杂乱。）猛一下看见这么多的金银财宝，阿里巴巴深信这肯定是一个强盗们数代经营、掠夺所积累起来的宝窟。

阿里巴巴进入山洞后，洞门又自动关闭了。✷

——节选自《一千零一夜》中的《阿里巴巴和四十大盗的故事》

彼得·潘

[英国]詹姆斯·巴里/著
杨静远/译
浙江少年儿童出版社

一首狂想曲，梦幻的狂想曲

——翻译家　杨静远

　　詹姆斯·巴里（1860—1937），英国小说家、剧作家。巴里住在肯辛顿公园附近时，每天上下班都看见一群孩子在草地上玩耍：他们用树枝盖小屋，用泥土做点心，扮演童话中的种种角色。巴里被他们的游戏吸引，也加入到其中。后来，这些孩子都成了作家笔下的故事人物，童话《彼得·潘》一书的主人公就来自那个最活跃的男孩彼得。

认识这本书

　　《彼得·潘》最早是一部童话剧，1904年在伦敦首演，一百年以来在各国舞台上反复上演，并被多次拍成电影、译成各种文字，被誉为世界十大哲理童话之一。

　　本书是一部充满想象与冒险的经典儿童故事，它平淡的家常话中饱含奇趣、幽默和讽刺，处处流露着一丝淡淡的伤感。故事叙述了温迪和彼得·潘等几个小孩在梦幻岛的奇遇，创造了一个让孩子们十分憧憬的童话世界——永无岛。岛上无忧无虑的仙女、美人鱼、丢失的孩子以及那个用蘑菇当烟囱的"地下之家"，对孩子们来说，是一种最淳朴、最天然的境界，而主角彼得·潘更是淋漓尽致地道出了孩子们的心声。他害怕上学，拒绝长大，热衷冒险，行侠仗义，纯洁无瑕，勇敢无畏。在西方，他早已成为一个符号，象征着永恒的童年和永无止境的探险精神。

精彩片段赏读

彼得终于明白了，他抓住了鸟巢，向空中飞着的鸟挥手表示谢意。永无鸟在空中飞来飞去不是为了领受他的谢意，也不是要看他怎样爬进巢里，她是要看看他怎样对待她的卵。

巢里有两只大白卵，彼得把它们捧了起来，心里盘算着。那鸟用翅膀捂住了脸，不敢看她的卵的下场，可她还是忍不住从羽毛缝里窥望。（拟人化的动作描写细腻地表现了永无鸟对"她"的卵的关心和牵挂。）

我不记得告诉过你们没有，（作者就像在和读者面对面交谈，这种写法使故事读起来显得亲切生动。）岩石上有一块木板，是很久以前海盗钉在那儿，用来标志埋藏财宝的位置的。孩子们发现了这堆闪闪发光的宝藏，有时淘气劲儿上来，就抓起一把把的金币、钻石、珍珠等，抛向海鸥；海鸥以为是食物，扑过来啄食，对这种卑鄙的恶作剧非常恼怒，气得飞走了。木板还在那儿，斯塔奇把他的帽子挂在了上面，那是一顶宽边的、高高的防水油布帽。彼得把卵放在帽子里，把帽子放在水上，它就平平稳稳地漂起来了。

永无鸟立刻看清了彼得的妙策，高声欢叫，向他表示钦佩；彼得也应声欢呼起来。然后他跨进巢去，把木板竖起来当桅杆，又把他的衬衣挂在上面当帆。同时，那鸟飞落到帽子上，又安安逸逸地孵起卵来。鸟向这边漂去，彼得向那边漂去，皆大欢喜。✳

——节选自《彼得·潘》第九章《永无鸟》

安徒生童话

[丹麦]安徒生/著
叶君健/译
四川少年儿童出版社

如果有人5岁了，还没有倾听过安徒生，那么她的童年便少了一段温馨。

——张晓风

安徒生（1805—1875），丹麦作家。安徒生小时候过着十分贫穷的生活，他的父亲是个鞋匠，很早就去世了，全家靠母亲给人洗衣服维持生活。但他却有自己远大的理想，很小就一个人到首都去奋斗。开始，他想学习舞蹈和演戏，却遭到了拒绝。后来被一位音乐学校的教授收留，学习唱歌，但因为没有钱只好离开音乐学校。从30岁开始，他专心从事儿童文学创作，一生中共写了168篇童话故事。

认识这本书

安徒生的童话故事脍炙人口，到今天还为世界上众多的成年人和儿童所传诵。由于作者出身贫寒，对于社会上贫富不均、弱肉强食的现象感受极深，因此他一方面以真挚的笔触热烈歌颂劳动人民，同情不幸的穷人，赞美他们的善良、纯洁等高尚品质；另一方面又愤怒地鞭挞了残暴、贪婪、愚蠢的反动统治阶级和剥削者，揭露了教会僧侣的丑行和人们的种种陋习，不遗余力地批判了社会罪恶。《皇帝的新装》辛辣地讽刺了皇帝的昏庸无能和朝臣们阿谀逢迎的丑态；《夜莺》和《豌豆上的公主》嘲笑了贵族的无知和脆弱。有些故事如《白雪皇后》则表现了作者对人类理想的看法，即坚信"真善美终将取得胜利"的乐观主义信念。

安徒生在作品中大量运用丹麦下层人民的日常口语和民间故事的结构形式，语言生动、自然、流畅、优美，充满浓郁的乡土气息。

精彩片段赏读

皇帝带着他的一群最高贵的骑士亲自到来了。这两个骗子每人举起一只手，好像他们拿着一件什么东西似的。他们说："请看吧，这是裤子，这是袍子，这是外衣！""这衣服轻柔得像蜘蛛网一样：穿着它的人会觉得好像身上没有什么东西似的——这也正是这衣服的妙处。"（通过生动形象的动作、语言描写，展现了两个骗子的演技"高明"和骗术"高超"。）

"一点也不错！"所有的骑士都说。可是他们什么也没有看见，因为实际上什么东西也没有。

"现在请皇上脱下衣服，"两个骗子说，"我们要在这个大镜子面前为陛下换上新衣。"

皇帝把身上的衣服统统都脱光了。这两个骗子装作把他们刚才缝好的新衣服一件一件地交给他。他们在他的腰围那儿弄了一阵子，好像是系上一件什么东西似的——这就是后裾。皇帝在镜子面前转了转身子，扭了扭腰肢。（装模作样的动作，充分表现了皇帝的虚荣和愚蠢。）

"上帝，这衣服多么合身啊！式样裁得多么好看啊！"大家都说。"多么美的花纹！多么美的色彩！这真是一套贵重的衣服！"

"大家已经在外面把华盖准备好了，只等陛下一出去，就可撑起来去游行！"典礼官说。

"对，我已经穿好了，"皇帝说，"这衣服合我的身么？"于是他又在镜子面前把身子转动了一下，因为他要叫大家看出他在认真地欣赏他美丽的服装。那些将要托着后裾的内臣，都把手在地上东摸西摸，好像他们真的在拾掇其后裾似的。（细节描写，表现内臣们阿谀逢迎的丑态。）他们开步走，手中托着空气——他们不敢让人瞧出他们实在什么东西也没有看见。❁

——节选自《安徒生童话》中的《皇帝的新装》

长袜子皮皮

[瑞典] 阿斯特丽德·林格伦/著
李之义/译
中国少年儿童出版社

> "长袜子皮皮这个人物形象在某种程度上把儿童和儿童文学从传统、迷信权威和道德主义中解放出来……皮皮变成了自由人类的象征。"
>
> ——瑞典首相 约翰·佩尔松

阿斯特丽德·林格伦（Astrid Lindgren, 1907-2002），蜚声世界的瑞典儿童文学作家，曾于1958年获得国际安徒生奖章，开创了瑞典儿童文学的一个黄金时代。她的作品被译成86种文字，发行量达到1亿3千万册，把她的书摞起来有175个埃菲尔铁塔那么高，把它们排成行可以绕地球三周。林格伦在瑞典享有很高的荣誉，据说在瑞典国会里，当两派议员为一件事情争论不休时，"老太太"一来，说上几句话，全部摆平……

认识这本书

　　1945年，《长袜子皮皮》一出版就获得全世界儿童的喜欢，该书被译成30多种语言，总发行量超过一亿册。

　　在瑞典，没有人不认识这个小姑娘——皮皮露达·维多利亚·鲁尔加迪娅·克鲁斯蒙达·埃弗拉伊姆·长袜子，起这个名字的人是林格伦的女儿卡琳。林格伦用夸张的笔法创造了一个最无拘无束的想象世界。皮皮带着她的小伙伴——两个曾经循规蹈矩的乖孩子，开始了种种有趣的游戏与冒险。他们捉弄那些保守迂腐的大人们，过着属于自己的快乐生活。故事的结尾，三个孩子吃下了可以令他们永远不会长大的神奇药片，他们坚决地认为"大人没什么可羡慕的"。

　　这是一本让人快乐的书，作者用孩子的童真对抗大人的社会，制造了一场又一场的笑剧，每每令人开怀大笑。在作品热闹喧嚣的背后，实际上寄寓着作者对儿童现实处境及真实心态的深刻思索。

17

精彩片段赏读

　　维拉·维洛古拉隔壁还有一个果园和一座小房子。那座小房子里住着一位妈妈、一位爸爸和他们的两个可爱孩子，一个男的，叫杜米，一个女的，叫阿妮卡。他们俩都很好，很守规矩，很听话。杜米从不咬指甲，妈妈叫他做什么他就做什么。阿妮卡不称心的时候也从不发脾气，她总是整整齐齐地穿着刚熨好的布裙。（性格描写。）

　　杜米和阿妮卡在他们的果园里一块儿玩得很高兴，可他们还是希望有个朋友跟他们一起玩。皮皮一直跟着她爸爸航海的时候，他们有时趴在围墙上说："那房子没人住，多可惜呀！那儿该住人，而且该有孩子。"（杜米和阿妮卡充满愿望的话为下文皮皮的出现作了铺垫。）

　　在那个美丽的夏天里，皮皮第一次跨过维拉·维洛古拉的门槛，那天杜米和阿妮卡正好不在家。他们到他们的奶奶家住了一星期，所以不知道隔壁房子已经住进了人。回家第一天，他们站在院子门口看外面的街道，还是不知道有个可以一起玩的小朋友就在身边。他们站在那里正不知道干什么好，也不知道这天能有什么新鲜事，会不会依然是个想不出什么新花样来玩的无聊日子，可就在这时候，嘿，维拉·维洛古拉的院子门打开，出现了一个小姑娘。这是杜米和阿妮卡有生以来看到的最古怪的小姑娘。这一位就是长袜子皮皮，她早晨正要出去散步。她那副模样是这样的：她的头发是红萝卜色，两根辫子向两边翘起，鼻子像个小土豆，上面满是一点一点的雀斑。鼻子下面是个不折不扣的大嘴巴，两排牙齿雪白整齐。她的衣服怪极了，是皮皮自己做的。本来要做成蓝色的，后来蓝布不够，皮皮就到处加上红色的小布条。她两条又瘦又长的腿上穿一双长袜子，一只棕色，一只黑色。她蹬着一双黑皮鞋，正好比她的脚长一倍。这双皮鞋是她爸爸在南美洲买的，等她长大了穿的，可皮皮有了这双鞋，再不想要别的鞋了。（外貌描写细致、生动，语言滑稽可笑，体现了皮皮的与众不同，也与杜米和阿妮卡形成对比。）✵

——节选自《长袜子皮皮》中《皮皮回到维拉·维洛古拉》

小王子

[法国]圣·埃克苏佩里/文　林珍妮/图
马振骋/译
译林出版社

> 一个世界上最伤心的故事，一个永远不肯、也不会长大的小王子，一部温馨、真挚、感人的寓言故事！

圣·埃克苏佩里（1900—1944），法国作家。他自幼喜欢摆弄机械，好遐想，成年后拥有了双重身份：飞行员与作家。他一生喜欢冒险和自由，是利用飞机将邮件传递到高山和沙漠的先锋。在已经出版的六部作品里，他都以飞机为工具，从宇宙的高度观察世界、探索人生。"二战"期间，法国被纳粹占领，他在一次飞行任务中失踪，其下落成为法国文学史上最神秘的一个传奇。

认识这本书

这是一本可以在任何年龄让自己感受一次纯真的爱，再为纯真的爱而感动一次的书，出版50年来已经被翻译成102种语言。

主人公是个来自外星球的小王子。书中以一位飞行员作为故事叙述者，讲述了小王子从自己的星球出发前往地球的过程中，所经历的各种险境。作者以小王子的孩子式的眼光，透视出成人的空虚、盲目和愚妄，用浅显天真的语言写出了人类的孤独寂寞、没有根基随风流浪的命运。同时，也表达出作者对金钱关系的批判，对真善美的讴歌。

整部童话文字很干净，形式很简洁，甚至简单。但却充满了诗意的忧郁、淡淡的哀愁，用明白如画的语言写出了引人深思的哲理和令人感动的韵味，读来让人回味无穷。

精彩片段赏读

　　她已经精细地做了那么长的准备工作，却打着哈欠说道："我刚刚睡醒，真对不起，瞧我的头发还是乱蓬蓬的……"

　　小王子这时再也控制不住自己的爱慕心情："你是多么美丽啊！"

　　花儿悠然自得地说："是吧，我是与太阳同时出生的……"（花儿与小王子对话时的语气和神态，充分表现了她的骄傲和虚荣。）

　　小王子看出了这花儿不太谦虚，可是她确实娇艳动人。

　　她随后又说道："现在该是吃早点的时候了吧，请你也想着给我准备一点……"

　　小王子很不好意思，于是就拿着喷壶，打来了一壶清清的凉水，浇灌着花儿。于是，就这样，这朵花儿就以她那有点敏感多疑的虚荣心折磨着小王子。例如，有一天，她向小王子讲起她身上长的四根刺："老虎，让它张着爪子来吧！"

　　小王子顶了她一句："在我这个星球上没有老虎，而且，老虎是不会吃草的。"

　　花儿轻声说道："我并不是草。"

　　"真对不起。"

　　"我并不怕什么老虎，可我讨厌穿堂风。你没有屏风？"

　　小王子思忖着："讨厌穿堂风……这对一株植物来说，真不走运，这朵花儿真不大好伺候……"

　　"晚上，您得把我保护好。您这地方太冷。在这里住得不好，我原来住的那个地方……"

　　但她没有说下去，她来的时候是粒种子，哪里见过什么别的世界。她怕叫人发现她是在编一个如此不太高明的谎话，她有点羞怒，咳嗽了两三声。（细腻的心理描写表现了花儿的敏感多疑和虚荣。）❋

——节选自《小王子》第八章

水孩子

[英国] 查尔斯·金斯利 /著
木　偶/译
人民文学出版社

世界十大著名哲理童话之一，一部教育孩子自我完善的动人故事。

查尔斯·金斯利（1819—1875），英国作家、博物学家、牧师。他是一位学识渊博的学者兼作家，他小时候生长在海边，对水有很特殊的感情，成人后还写过专门讨论海底世界的论文。对大海的热爱和丰富的海洋知识，令他在《水孩子》中对故事背景——大海的描述自然而亲切，给读者留下了生动、美丽而神奇的印象。

认识这本书

　　《水孩子》成书于1863年，是英国第一部儿童幻想小说，被誉为世界十大哲理童话之一。

　　作品的主角是一个叫汤姆的扫烟囱的孩子，汤姆掉到河里变成了水孩子，在仙女的引导下，经历各种奇遇，改掉了身上的坏毛病，最后又回到人间。书中自由自在的水孩子、"自作自受"仙女、"好心好报"仙女，是世界童话中的经典形象。

　　作者以虚与实的完美结合，描绘了一片纯洁、高尚的幻想天地，对孩子寄予了深切期望：爱清洁、行善事、勇敢正直、健康成长，成为博闻广识、心胸开阔的人，同时也抨击了现代文明的弊病和生硬的教育方式。虽然作品中充满了各种讽喻，亦不乏劝诫，但在作者幽默诙谐的笔调下，始终带有春天早晨那种轻快的情调。

精彩片段赏读

一处深绿色的石谷，很狭窄，而且长满树木。可是就在这几百英尺下面的树木中间，他却能望见一条清澈的水流。啊，假如能够到达水边多妙啊！接着他望见溪边一所小村舍的屋顶和一所小花园。那花园布置着花台和花床。花园里面有一个极小的红色东西走动着，只有苍蝇大小。汤姆低头望时，原来是个穿红裙的妇人。（顺着汤姆的视线，先是远景树木、溪流、村舍、花园、花台和花床的一一呈现，接着是近景特写，一个穿红裙的妇人。这段描写有着电影镜头般自然流畅的美感。）

啊！也许她会给他一点东西吃呢。教堂的钟声又响起来了。下面准有一个村庄。再说，谁也不会认出他，谁也不会知道哈特荷佛府那边出的事情。就算约翰爵爷把全郡的警察都派出来追他，消息也不会那样快传到这里。他却在五分钟内就可以下去。汤姆猜得对，那片呼喊追逐的声音还没有传到这里，原因是他不知不觉已经跑了离哈特荷佛府足足十英里远了。至于五分钟内就下得去，他却想错了，因为那座村舍离这里总有一英里多路，而且下去足有一千英尺。

可是汤姆是个勇敢的小孩子，所以虽然双脚酸痛，人又饥又渴又疲倦，但是他仍旧走了下去。同时教堂的钟敲得那么响，使他简直当做自己的脑子在作怪，而不是真的钟声。那条小河也在下面淙淙地流着，下面就是小河唱的歌："又清又凉，又清又凉，流过嬉笑的浅滩、做梦的池塘；又凉又清，又凉又清，流过光耀的卵石、溅沫的堤埂；在画眉鸟歌唱的巉岩下，在钟声悠扬的罗墙下，清清白白的，在我水边嬉戏吧，在我水里洗浴吧，母亲和孩子。"（此段歌词运用了反复、对仗和排比的修辞手法，读起来朗朗上口，婉转优美。）❀

——节选自《水孩子》第一章《扫烟囱的小可怜》

快乐王子集

[爱尔兰]王尔德/著
巴　金/译
人民文学出版社

> "对贫苦人的同情和作品中表现出来的崇高灵魂"，"那富于音乐性的调子"，"十分丰富华丽的辞藻"。
>
> ——巴金

王尔德（1854—1900），爱尔兰诗人，戏剧家。他出生在爱尔兰的都柏林，父亲是外科医生，母亲是位作家，他从小就受到了浓郁的文学熏陶。在都柏林三圣大学读书期间，王尔德读了大量的古典文学作品，再加上本身才华出众，他很快就在文学上获得了巨大成功。1884年，王尔德结婚生子，饱含着爱为孩子写下了很多优美的童话故事。

认识这本书

　　《快乐王子集》包括王尔德一生创作的两本童话集中的九篇作品。这些童话大致上是分两批完成的，前期的童话格调相对明快一些，比如《快乐王子》、《夜莺与蔷薇》、《自私的巨人》；后期的童话如《少年国王》、《星孩》相对沉重一些，宗教色彩更浓厚些。

　　这些童话里都有一个极美的化身。即使是从头到尾调侃的《了不起的火箭》，他也会留下一个像蔷薇一样的公主，"像水晶一样洁白"的爱情。在《快乐王子集》里，小燕子与快乐王子的友谊、快乐王子牺牲自己的美貌换取别人幸福的献身精神，是王尔德极力赞颂的美。同时，这"极美的化身"也经历着变迁——心的破裂与死亡，戏剧性极强。

　　《快乐王子集》——它听起来是一本快乐的书，但本身是一本从故事中让人感觉到悲伤的书。作家将资本主义社会的丑陋现象用童话这一方式表现得淋漓尽致。

23

精彩片段赏读

　　第二天燕子又飞到港口去。他坐在一只大船的桅杆上，望着水手们用粗绳把大箱子拖出船舱来。每只箱子上来的时候，他们就叫着："吭唷！……""我要到埃及去了！"燕子嚷道，可是没有人注意他，等到月亮上升的时候，他又回到快乐王子那里去。

　　"我是来向你告别的。"他叫道。

　　"燕子，燕子，小燕子，"王子说，"你不肯陪我再过一夜么？"

　　"这是冬天了，"燕子答道，"寒冷的雪就快要到这儿来了，这时候在埃及，太阳照在浓绿的棕榈树上，很暖和，鳄鱼躺在泥沼里，懒洋洋地朝四面看。朋友们正在巴伯克（巴伯克即Heliopolis，古埃及城市，在尼罗河三角洲上，建有祀奉太阳神的庙宇。）的太阳神庙里筑巢，那些淡红的和雪白的鸽子在旁边望着，一面在讲情话。（对比。小燕子想象中的埃及，到处是一片欢乐、幸福的景象，与现实生活中的丑恶、贫穷形成了鲜明的对比。）亲爱的王子，我一定要离开你了，不过我决不会忘记你，来年春天我要给你带回来两粒美丽的宝石，偿还你给了别人的那两颗。我带来的红宝石会比红玫瑰更红，蓝宝石会比大海更蓝。"（运用比拟，使红宝石、蓝宝石的形象具体化。）

　　"就在这下面的广场上，站着一个卖火柴的女孩，"王子说，"她把她的火柴都掉在沟里了，它们全完了。要是她不带点钱回家，她的父亲会打她的，她现在正哭着。她没有鞋、没有袜，小小的头上没有一顶帽子。你把我另一只眼睛也取下来，拿去给她，那么她的父亲便不会打她了。"（语言描写，表现快乐王子的自我牺牲精神。）

　　"我愿意陪你再过一夜，"燕子说，"我却不能够取下你的眼睛，那个时候你就要变成瞎子了。"

　　"燕子，燕子，小燕子，"王子说，"你就照我吩咐你的话做吧。"

　　他便取下王子的另一只眼睛，带着它飞到下面去。他飞过卖火柴

女孩的面前，把宝石轻轻放在她的手掌心里。"这是一块多么可爱的玻璃！"小女孩叫起来。她一面笑着跑回家去。❋

——节选自《快乐王子集》

希腊神话和传说

[德国]古斯塔夫·施瓦布/编
楚国南/译
人民文学出版社

《希腊神话和传说》是建造任何家庭图书馆的"拱顶石"。

——美国《纽约客》杂志

作者不详，由劳动人民口头创作而成，大约产生于公元前12世纪到公元前8世纪之间。

认识这本书

希腊神话是古希腊民族关于神和英雄的故事总汇。它将现实生活与幻想交织在一起，生动地描绘了古希腊人的社会生活图景，对后世文学产生了深远影响，从许多著名文学家、艺术家，如莎士比亚、雨果、达·芬奇、伦勃朗等人的作品中，都可以找到受古希腊神话影响的痕迹。而施瓦布的这部《希腊神话和传说》一直是最通行的希腊神话读本，畅销世界。

其中，神的故事主要包括开天辟地、神的产生、神的谱系、天上的改朝换代、人类的起源和神的日常生活等。希腊神话中的神有着人一样的情感，相比之下更接近人类。他们不但有人一样的情感，还会参与人类世界的纷争，如特洛伊战争。他们唯一和人类有区别的是，他们可以永葆青春，有不死之身，这一点和中国神话中的神仙是一样的。

英雄传说是对远古的历史、社会生活和人与自然作斗争等事件的回忆。英雄被当做神和人所生的后代，实际上是集体的力量和智慧的代表。英雄传说以不同的家族为中心形成了很多故事，主要有赫拉克勒斯的12件大功、忒修斯为民除害、伊阿宋盗取金羊毛和特洛伊战争等故事。

精彩片段赏读

希腊人围攻特洛伊城，久久不能得手。于是，占卜家和预言家卡尔卡斯召集会议。

他说："你们用这种办法攻城是没有用的。听着，我昨天看到一个预兆：一只雄鹰追逐一只鸽子。鸽子飞进岩缝里躲了起来。雄鹰在山岩旁等了许久，鸽子就是不出来。雄鹰便躲在附近的灌木丛中，这只蠢鸽子才飞了出来，雄鹰立即扑上去，用利爪抓住了它。我们应该以这只雄鹰为榜样。对特洛伊城不能强攻，而应智取。"（卡尔卡斯用雄鹰抓鸽子的故事打比方，生动形象且容易被人理解、接受。）

他说完后，英雄们绞尽脑汁，要想出一个计谋来尽快结束这场可怕的战争，但他们想不出来。最后，奥德修斯想出一个妙计。"朋友们，你们知道怎么办吗？"说着，他禁不住提高了声音，"让我们造一个巨大的木马，让马腹里尽可能地隐藏足够多的希腊人。其余的人则乘船离开特洛伊海岸，撤退到忒涅多斯岛。在出发前必须把军营彻底烧毁，让特洛伊人在城墙上看见烟火，不存戒备，大胆地出城活动。同时我们让一个特洛伊人不认识的士兵，冒充逃难的人混进城去，告诉他们说，希腊人为了安全撤退，准备把他杀死献祭神祇，但他设法逃脱了。他还要说，希腊人造了一个巨大的木马，献给特洛伊人的敌人帕拉斯·雅典娜，他自己就是躲在马腹下面，等到敌人撤退后才偷偷地爬出来的。这位士兵必须能对特洛伊人复述这个故事，并要说得煞有其事，使特洛伊人不至于怀疑。特洛伊人一定会同情这个可怜的外乡人，将他带进城去。在那里，他必须设法说动特洛伊人把木马拖进城内。当我们的敌人熟睡时，他将给我们发出预定的暗号。这时，躲藏在木马里的人赶快爬出来，并点燃火把召唤隐蔽在忒涅多斯岛附近的战士们。这样，我们就能用剑与火一举摧毁特洛伊城。"

奥德修斯说出了他的计策，大家都惊叹他的妙计。这个计策正合预言家卡尔卡斯的心意，他完全赞成。同时为这位狡黠的英雄能够理解自己的意图而高兴。❋

——节选自《希腊神话和传说》中《木马计》

大林和小林

张天翼/文　华君武/图
新蕾出版社

这是20世纪中国最优秀的民族童话精品，值得每一个孩子放在书架上，珍藏一生。

　　张天翼（1906—1985），现代小说家、儿童文学作家。作品多用嘲讽笔调，文笔活泼新鲜，风格辛辣。著有短篇小说《包氏父子》及儿童文学作品《大林和小林》、《罗文应的故事》、《宝葫芦的秘密》和《秃秃大王》等。

认识这本书

　　《大林和小林》是20世纪中国最优秀的民族童话精品，作品奇特的构思、夸张的手法、大胆的想象和曲折的情节，让人爱不释手。

　　大林和小林是一对双胞胎。大林好吃懒做，变成了一个寄生虫，最后饿死在金子堆里。小林勇敢正直，成长为一个有出息的好孩子。故事揭露了旧社会统治阶级的昏庸无耻和他们对劳动人民的残酷压迫，同时描写了劳动人民为了追求光明而进行顽强不屈的斗争。

　　张天翼的语言风格自成一体，趣味悠然，用逻辑错位的方式造成幽默的效果。同时，他擅长揣摩儿童心理和口吻，模仿起来惟妙惟肖。

精彩片段赏读

风把唧唧刮得飘起来的时候，唧唧就醒来了，打了一个寒噤。

飘呀飘的，就看见了一个小小的岛，岛上有五颜六色的东西在太阳下面闪亮。

"可真美呀！"唧唧叫起来。

他刚刚说了这句话，身子就落到了这个岛上。他一看就知道："这真的是富翁岛了。"

遍地都是金元和银元，还有闪光的钻石。红艳艳的红宝石，夹着绿莹莹的绿宝石，扔得满地都是。（"红艳艳"、"绿莹莹"，形容词的叠词使句子更加形象生动。）有时候一脚踏下去，就会踩着许多透明的酱色石头——仔细一看，原来是琥珀。

有三个穿得极讲究的人坐在岛边上，这当然都是富翁。有一位拿金元宝打水漂消遣。还有一位抓起一把把珠子往海里扔，听那沙沙的声音。第三位专爱大玩意儿，唧唧看见他有一次搬起一块五六斤重的翡翠扔到了水里，"咚"的一声。（三位富翁无聊的举动让人感到既可笑又十分好奇。）

他们谁也不理谁。唧唧那么个大胖子走过去，他们竟好像没看见似的。

唧唧再往里走，就看见有几个富翁躺在珠宝堆里，一动也不动。有的用一个金元宝当枕头，有的把脚搁在一株红珊瑚的丫杈上。

唧唧可真是高兴极了。

"这里可好呢！不像先前那个岛那么穷。"

唧唧一想起先前那个岛，就觉得可笑。他对自己说："真小气！什么大槐国的！东西又不好吃。可是他们还想要请我给他们调查富翁岛上的出产呢。他们一定是想要来探险。哼，这个富翁岛能让他们来么！"（对唧唧的心理描写，表现了他自私自利的性格特点。）

——节选自《大林和小林》中《富翁岛》

稻草人

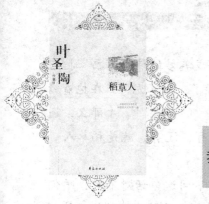

叶圣陶 / 著
华夏出版社

> 如果把这个集子给读了四五年书的儿童看，我想他们必定是很欢迎的。
>
> ——郑振铎

叶圣陶（1894—1988），名绍钧，出生于江苏苏州一个城市贫民家庭，他一生创作了大量不同体裁的文学作品，是中国现代童话的创始人，其童话作品主要收在《稻草人》和《古代英雄的石像》两个童话集中。茅盾这样评价叶圣陶：你要从他作品中寻找惊人的事，不一定有；然而即在初无惊人处，有他那种净化升华人的品性的力量。

认识这本书

　　《稻草人》是新中国第一本为儿童而写的童话集。《稻草人》是这本同名童话集中最具代表性、成就最高的一篇。在旧中国，农人们为了吓唬麻雀，通常会做个稻草人插在稻田里。田野里发生了许许多多悲惨的事，别人不知道，稻草人都看得清清楚楚。他只想救助那些不幸的人，可是办不到。

他挪动不了身子，心里有话也说不出来。最后，他倒在田地里了。这篇童话就通过稻草人的所见所思，真实地描写了二十年代中国农村风雨飘摇的人间百态。

　　同时，叶圣陶在创作童话方面的语言特色始终是别具一格的。他的语言简洁、朴素，用散文来写童话，充满诗意，富有听觉和视觉形象的美。

精彩片段赏读

　　田野里白天的风景和情形，有诗人把它写成美妙的诗，有画家把它画成生动的画。到了夜间，诗人喝了酒，有些醉了；画家呢，正在抱着精致的乐器低低地唱——都没有工夫到田野里来。（运用排比。）那么，还有谁把田野里夜间的风景和情形告诉人们呢？有，还有，就是稻草人。（设问，自问自答，引出主人公。）

　　基督教里的人说，人是上帝亲手造的。且不问这句话对不对，咱们可以套一句说，稻草人是农人亲手造的。他的骨架子是竹园里的细竹枝，他的肌肉、皮肤是隔年的黄稻草。破竹篮子、残荷叶都可以做他的帽子；帽子下面的脸平板板的，分不清哪里是鼻子，哪里是眼睛。他的手没有手指，却拿着一把破扇子——其实也不能算拿，不过是用线拴住扇柄，挂在手上罢了。他的骨架子长得很大，脚底下还有一段，农人把这一段插在田地中间的泥土里，他就整天整夜站在那里了。（作者用生动、细腻的语言勾勒出稻草人的模样，活灵活现，仿佛就立在读者眼前一样。）

　　稻草人非常尽责任。要是拿牛跟他比，牛比他懒惰多了，有时躺在地上，抬起头看天。要是拿狗跟他比，狗比他顽皮多了，有时到处乱跑，累得主人四处去找寻。他从来不嫌烦，像牛那样躺着看天；也从来不贪玩，像狗那样到处乱跑。他安安静静地看着田地，手里的扇子轻轻摇动，赶走那些飞来的小麻雀，他们是来吃新结的稻穗的。他不吃饭，也不睡觉，就是坐下歇一歇也不肯，总是直挺挺地站在那里。（通过对比，写出了稻草人的作用和对农民的好处。）❋

——节选自《稻草人》

豆蔻镇的居民和强盗

[挪威]埃格纳
叶君健/译
湖南少儿出版社

> 在豆蔻镇上发生的一切，与其说是一个精心编织的故事，还不如说是一场随心所欲的游戏，在这个游戏里面，每一个孩子都能够找到属于自己的角色，他们自己扮演着自己，并在这扮演的过程中发现了爱人和被人所爱的乐趣。
>
> ——儿童阅读推广人 漪然

托尔边·埃格纳（Thorborn Egner, 1912—? ），挪威儿童文学作家，被誉为挪威的"安徒生"。他常把自己写成的儿童文学作品作为广播故事和电视脚本先与小朋友见面，然后再写成书出版发表。他的《豆蔻镇的居民和强盗》（1958）就是先广播、演出而后出版的。

认识这本书

《豆蔻镇的居民和强盗》是埃格纳最负盛名的代表作。作者成功创造了一个充满童趣的世界。那里的强盗并不像其他书里所看到的那样穷凶极恶、面目可憎，他们只是那种好吃懒做、不讲卫生、爱偷东西的顽皮的大孩子。小镇上的居民也并非一本正经、循规蹈矩，他们爱玩爱闹，电车、公园甚至警察局都成了他们游戏的场所。作品并不像以往的作品那样用魔法、宝物、神怪来构制幻境，而是在平凡的现实生活中烘托出一种童话气氛。

《豆蔻镇的居民和强盗》充分体现了当代童话文学的趣味性、娱乐性的特点，但它又并不只是单纯有趣，而是在娱乐中教育孩子们要善良、友爱、能团结、帮助别人。此外，穿插在故事中的大量风趣、幽默的歌曲，亦念亦唱的形式使作品的艺术氛围活泼而热烈，给读者带来了多种感官参与的综合性艺术享受。

精彩片段赏读

在公园里，大家都感到愉快和高兴。可是，在栏杆外面却站着三个愁眉苦脸的人。他们不能参加游艺会。（对比，让强盗们"愁眉苦脸"的原因竟是不能参加游艺会，出人意料。）

他们是强盗贾斯佩、哈士贝和乐纳丹。他们爬到一棵树上，从那里偷偷观看旋转木马和空中飞轮，没有被人发觉。但他们只能瞥见一个大概，一点儿模糊的轮廓。（这些强盗与我们在其他书上看到的不同，他们分明是淘气的孩子。）

"他们在那里玩得多么快乐呀。"乐纳丹说。

"我们这里也不坏。"贾斯佩说。

"我在瞧他们正在吃的那些好东西。"乐纳丹说。（作者再次强化了乐纳丹贪吃的特点。）

"他们只不过是在吃香肠罢了。"贾斯佩说。

"我看的并不是香肠，"乐纳丹说，"那是装在蛋卷里的一种白东西，他们一边走，一边舔它。"

"我想那并不是什么了不起的东西。"贾斯佩说，他们没有就这个问题再继续谈下去。

"瞧，大象出来了。"过了一会儿乐纳丹说。

"他们真走运，可以在大象背上骑一会儿了。"哈士贝说。

"那一定很有趣。"乐纳丹说。

"我可以告诉你怎么办，"哈士贝说，"我们可以等到黑夜到来的时候，那时人们都回家了，我们可以把那只象偷来。"（偷大象这样的想法让三个强盗更像一伙专门捣乱的淘气男孩。）

"住嘴，"贾斯佩反驳着说，"偷来一只象有什么用？"

"用处很大，你等着瞧吧。"哈士贝说。

"你说说看，有什么用？"贾斯佩问。

"第一，我们出去偷东西的时候可以骑它去，也可以骑回来。袋子如果太重我们也可以不骑它。"

"呀，好哇！"乐纳丹说，"那么我们每次作案，就可以偷回更多的东西了。""这听起来倒好像我们真的骑着象去偷东西了！"贾斯佩说。

"为什么不？"其余两人问。

"不能那样干就是了，"贾斯佩说，"想想看，我们怎么能牵着一头大象随便出进香肠店主的大门？"

"他的话有道理，哈士贝。"乐纳丹说。

"你怎么叫它上楼下楼？"贾斯佩继续问。

"好吧，我们就不偷那只象吧。"哈士贝生气地说。

沉默了一会儿，接着哈士贝说："我们也太不幸了，那么好的游艺会和其他类似的聚会，我们都不能参加。"

"实在不幸，"乐纳丹表示同意，"在这种场合一定会有些好吃的东西。"

"我们现在的这个样子也还过得去嘛。"贾斯佩不乐地说。

"还有一件事，"乐纳丹继续说，"我们甚至坐电车的机会也没有。"

"嗯，那并不是什么有趣的事情。"贾斯佩说。

"不，那很有趣！"乐纳丹坚持着说。

这时哈士贝发出一个狡猾的笑声。他说："我倒有一个想法。"他望了望他的同伙，目光从这个脸上移到那个脸上。

"什么想法？"乐纳丹问。

哈士贝又奸笑了一下。"我们现在在这里，"他说，"电车司机在那里，电车就在我们旁边，里面什么人也没有。"

——节选自《豆蔻镇的居民和强盗》第六章，原题为《有的人并不快乐》

阿凡提的故事

赵世杰/编著
少年儿童出版社

> 提起阿凡提，立即会让人想到那个倒骑着小毛驴，留着两撇弯弯翘起的胡须，走到哪里就把欢乐带到哪里的形象。

赵世杰（1932—），甘肃省临洮县人，1949年参军，不久就随部队来到新疆。1952年，赵世杰转业到了地方，到阿克苏地区参加土改工作。在那里，他第一次从当地群众那里听到关于阿凡提的民间传说。这个智慧风趣、富有正义感的民间传奇人物一下子把他吸引住了。他深入群众，广泛搜集关于阿凡提的故事，并把它翻译成汉文。1958年推出首本维、汉双语的《阿凡提的故事》。此后，阿凡提这个人物逐渐走进了千家万户。

认识这本书

《阿凡提的故事》是一系列以纳斯尔丁·阿凡提这个传奇人物为主人公的维吾尔族民间幽默故事。阿凡提勤劳、勇敢、幽默、乐观，富于智慧和正义感，深受新疆各族人民喜爱。

阿凡提的故事，数百年来在新疆维吾尔自治区各少数民族中流传，在维吾尔族人民中更是家喻户晓。这些故事题材广泛，构思奇巧，妙趣横生。1958年以后，我国先后用汉、维、蒙、哈、藏5种文字出版了14种版本的《阿凡提的故事》。

精彩片段赏读

马飞上天空去啦

国王问阿凡提："很久以来，我就想飞上天去，周游周游，开开眼界。你有没有什么高招妙法，帮助我达到目的？"阿凡提说："把您常骑的那匹枣红马给我，我骑上它到遥远的高山顶上去采一种药草来。马吃了这种药草，就会长出翅膀。那时候，您骑上它，一切都会如愿以偿！不过，往来得一年时间。"国王立即赏给阿凡提一褡裢金银。阿凡提骑上国王的马，一溜烟似的回到了家中，立刻把马杀了。快满一年时，阿凡提来到皇宫。国王满脸堆笑地问道："阿凡提，只差三天，就满一年。你看我的马能不能长出翅膀来？"阿凡提说："陛下，您的马已经长出翅膀来啦！"国王欢喜得从宝座上站起来，说："那你今天为啥没给我带来？"阿凡提假装难过地说："我倒是带来啦，可是走到半路上，您的马拍打拍打翅膀，四蹄腾空而起，飞上天啦！"

总评： 阿凡提利用国王的无知，既得到了一褡裢金银，又捉弄了国王一番，还让国王无话可说。故事充分表现了阿凡提的聪明机智，也讽刺了国王的贪得无厌和愚蠢无知。❋

——节选自《阿凡提的故事》

木偶奇遇记

（意）科洛迪/著
任溶溶/译
人民文学出版社

作者成功地塑造了小木偶的形象。他聪明、善良、顽皮而又任性，他的故事给孩子们以有益的教诲和艺术的感染。作品被译成多种文字，深受读者喜爱。

认识这本书

《木偶奇遇记》是科洛迪的代表作，发表于1880年。本书描述了木偶匹诺曹从一个任性、淘气、懒惰、爱说谎、不关心他人、不爱学习、整天只想着玩的木偶变成一个懂礼貌、爱学习、勤奋工作、孝敬长辈、关爱他人的好孩子的过程，以及他所经历的一连串的奇遇，充满了童趣。

这本童话通过匹诺曹的种种曲折、离奇的经历，表现小木偶热爱正义、痛恨邪恶、天真纯洁的品质，教育儿童要抵御种种诱惑，做一个诚实、听话、爱学习、爱劳动，并能帮助父母的好孩子。

本书借助童话小说这一独特的样式，作者以非凡的想象力，写出了奇幻多姿、生动有趣的故事，把我们带进了乐趣无穷的童话世界。

精彩片段赏读

从前有一段木头，这段木头并不是什么上等的木头，就是柴堆里那种最普通的木头，是严冬扔进炉子里生火取暖用的。

我也不知道究竟是怎么回事，有一天这段木头遇到了一位叫安东尼奥的老木匠。因为他鼻尖不仅红得发紫，而且十分光亮，活像一颗熟透了的樱桃，所以大伙儿都叫他樱桃师傅。（抓住老木匠肖像的特征，运用比喻

突出了老木匠的外貌特点，给人深刻印象。）

一个阳光明媚的日子，这段木头碰巧到了这位名叫安东尼奥的木匠铺里。樱桃师傅看见这段木头，高兴极了，于是老木匠得意地搓着双手，（运用"搓手"这一细节动作，形象地写出老木匠"高兴"、"得意"的样子。）嘴里小声嘀咕说："这段木头真合适，我正缺个做桌子腿的材料。"

说着樱桃师傅就拿起一把锋利的斧子，动手要削掉树皮，先大致做出一个桌子腿的形状。可当他正要砍下去的时候，手举在头顶上却一下子停住不动了，因为他听见一个很细小的声音央求他说："求求你，别把我砍得太疼了，我害怕呀！"

小朋友请想想吧，这位善良的老木匠该有多么惊讶啊！

他惊呆了，眼睛骨碌碌朝满屋子转了一圈，要找出声音是从哪儿来的，可他一个人也没有看见！

他找找工作台底下，没有人；他打开一直关着的柜子找找，没有人；他往一篓刨花和碎木片里面找找，也没有人；他最后打开铺门往街上找，还是没有人！（运用排比，写出老木匠在不同地方不停地"找找"，写出声音的"细小"和老木匠的"惊讶"、"胆小"。）那么？

"我懂了，"他于是挠挠头上的假发，笑着说，"这肯定是我听错了，还是接着干活吧。"

他又拿起斧子，朝那段木头狠狠地砍下去。

"哎哟，天哪！你把我砍得疼死了！"刚才那细小的声音突然叫起来。

这下樱桃师傅呆在那里不动了，眼珠差点儿掉出来，嘴巴张得很大，舌头拖到下巴，活像喷水池里的一个石像妖怪。（通过刻画老木匠身体、眼珠、嘴巴、舌头等的形态，运用"活像……妖怪"这种比喻修辞，形象地写出老木匠吃惊的神态。）过了一会儿，他才缓过劲儿来，结结巴巴地说："真奇怪，这个细小的'哎哟'声音，到底是从哪儿来的呢？屋子里可是连个人影也没有啊。难道是这段木头学小孩子那样又哭又叫吗？这真是太奇怪了。"

"这不就是一段普通的木头嘛，它跟别的木头一样可以拿来生炉子；扔到火里，可以煮熟锅里的豆子……到底是怎么回事？难道是木头里躲着个人吗？要是让我发现是谁在开玩笑，我一定跟他算账！"

他一边说，双手一边抓起这段奇怪的木头，就把它往墙上四处乱撞。

过了一会儿，他特意停下来竖起耳朵仔细地听，看有没有刚才那种哭声。他等了两分钟，没有；又等了五分钟，仍旧没有；十分钟，还是一点儿动静也没有！

"现在我知道了，"他一面苦笑着说，一面挠乱头上的假发，"那细小的'哎哟'的声音，肯定是我听错了！根本没有什么声音，还是继续干活吧。"

可他心里还是有点儿害怕，于是就哼起小曲来给自己壮胆，心想：没什么可怕的。

他边唱歌边放下斧子，接着拿起刨子要刨木头。可他一来一去没刨几下，又听见那个细小的声音笑嘻嘻地对他说："快停下来，快停下来！你弄得我浑身痒痒死了！"

可怜的樱桃师傅听到这声音后，就像触电一样，扑通一声晕倒在地上。等他慢慢醒来，张开眼睛，才发现自己躺在地上。

他脸都吓得变了色，就连那个红得发紫的鼻尖，这会儿都变成青色了。✿

——节选自《木偶奇遇记》

寓言

伊索寓言

[古希腊]伊 索/著

王焕生/编译

人民文学出版社

《伊索寓言》是一部世界上最早的寓言故事集，是影响人类文化的100本书之一。

伊索（Aesop，公元前620—公元前560），古希腊寓言家。相传伊索小时候是个哑巴，长得又矮又丑。但是母亲非常疼爱他，时常讲故事逗他开心。年迈的母亲去世后，伊索跟着一个牧羊人漫游世界，听到了很多关于动物的故事，不过他途中却被贪心的牧羊人卖给了一个望族做奴隶。都说苦尽甘来，有一天，伊索梦到幸运之神微笑着把手指放进了自己嘴里。醒来后，他惊奇地发现自己能说话了。为了弥补以前的遗憾，他开始滔滔不绝地讲述他听到的各种故事。

认识这本书

《伊索寓言》是世界上最古老的寓言集，它篇幅短小，形式不拘，浅显的小故事中常常闪耀出智慧的光芒，被誉为西方寓言的始祖。

《伊索寓言》共收录了三四百个小故事，这些小故事主要是受欺凌的下层平民和奴隶的斗争经验与生活教训的总结。寓言中的主角大多是拟人化的动物，作者借它们形象地说出某种道理或生活经验，使读者领会到其中的教训。

精彩片段赏读

狮子、狼与狐狸

一只年老的狮子生了重病，只能躺在洞里。除了狐狸之外，森林里所有的动物都来问候过狮子了。

狼见狐狸没有来，便趁机在狮子面前诬陷狐狸。它说："大王，狐狸真是胆大包天，竟敢不来问候您，我看它根本就是瞧不起您啊！"

正在这时，狐狸走了过来，听到了狼的话。狮子受到狼的挑拨，一见到狐狸就怒吼起来，想吃掉它。

狐狸马上说："大王，所有向您问候的动物之中，没有谁比我更忠诚了！我这几天四处奔走，访遍名医，就是为了帮您寻找治病的妙方啊！"狮子听了，一阵欣喜，立即命令狐狸把药方说出来。

狐狸说："很简单！医生说，只要您将狼的皮剥下来，裹在身上，您就会好起来的。"

狮子听了，立刻扑向狼，把它杀死了，并剥下了它的皮。

狐狸得意地笑了，心想："狼啊，你实在不应该怂恿狮子。你本来想害死我，结果却害了自己！"

总评：这篇寓言告诉我们：处心积虑算计别人的人，最终往往会自食其果。即使一时算计得逞，终有一天，又会落在别人的算计之中。还是以和为贵的好。❋

——节选自《伊索寓言》

43

克雷洛夫寓言

[俄罗斯]克雷洛夫/著
屈洪、岳岩/编译
人民文学出版社

《克雷洛夫寓言》、《伊索寓言》以及《拉·封丹寓言》并称为世界上影响最大的三大寓言故事集。

克雷洛夫（1768—1844），俄国著名寓言作家，出生于莫斯科一个贫穷的步兵上尉家庭。童年的克雷洛夫除了读书，还经常到集市上去，在那里他学会了意大利文，学会了拉小提琴，学习了绘画。克雷洛夫十分勤奋，一生写了203则寓言，50岁时学会古希腊文，53岁还开始学英文。克雷洛夫在写作上非常认真，在发表之前他会先朗诵给朋友们听，然后听取他们的意见，有的故事甚至要重写5～7次。

认识这本书

克雷洛夫的寓言大都继承了俄罗斯动物故事的传统，写的基本上都是鸟兽虫鱼、山水花草，它们不仅栩栩如生，而且被赋予了一定的性格，象征了某个阶层和人物，例如《狼和小羊》、《青蛙们想要一个国王》等，把讽刺的矛头直指暴君、权贵，具有强烈的批判精神。克雷洛夫的寓言描绘了真实的生活，形象地反映了俄罗斯民族的精神和智慧，例如《鹰和蜜蜂》、《蜘蛛和蜜蜂》等，通过蜜蜂的形象歌颂了劳动者埋头苦干和勤勤恳恳的精神。

在语言上，克雷洛夫用语简朴、幽默、风趣而引人入胜，且吸收了大量民间的谚语和俗语，使文章通俗易懂而富有亲切感。克雷洛夫的寓言内容生动、语言精练，几乎每一篇都是一个概括性很强的小小的戏剧作品。

精彩片段赏读

森林里要开音乐会，小猴子、山羊、驴子和狗熊准备表演一个四重奏。它们找了一个乐谱，准备好了中提琴、小提琴和两只大提琴，就坐在树下的草地上，幻想着用它们的音乐来风靡全世界。它们咿咿呀呀地拉着琴，乱糟糟的一阵吵闹。

动物们都围上来看热闹，都在笑话这奇怪的而且乱七八糟的曲子。"停下来吧，兄弟们，等一下，"小猴子说道，"像这样是奏不好的，你们的位子没有坐对！大熊，你奏的是大提琴，应该坐在中提琴的对面。第一把提琴呢，应该坐在第二把提琴的对面。这样一来，你瞧着吧，我们就能奏出截然不同的音乐！"

它们调动了位置，重新演奏起来，然而还是演奏不好。

"等等，停一停，"驴子说道，"我找到窍门了！我相信坐成一排就好了。"

它们按照驴子的办法，坐成一排。可是不但不管用，而且乱得一塌糊涂了。于是它们对如何排座位争来争去，一直吵到天黑。吵闹的声音招来了一只夜莺。大家就向它请教演奏的窍门，毕竟夜莺对音乐是最有发言权的。

"我们怎么调换位置都演奏不好，请你给我们指导一下吧。"四个小家伙恳切地说，"我们正在搞一个四重奏，我们有乐谱，有乐器，但是因为坐不好，所以总是奏不出美妙的音乐，能帮我们排一下座位吗？"

"要把四重奏演奏得得心应手，你们必须懂得演奏的技术。"夜莺答道，"光知道怎样坐是不够的。再说了，我的朋友们，你们的听觉也太不高明了。换个坐法也罢，换个提琴也罢，说到底你们根本不适合搞音乐，还是把精力放在别的地方吧。"

总评：这四重奏奏不好，几个小家伙一味地在座次上找原因。这告诉我们，生活中无论遇到什么问题，都要抓住问题的关键。一味地在不重要的地方浪费口舌，对于解决问题是没有一点作用的。❋

——节选自《克雷洛夫寓言》中《四重奏》

水浒传

[明代]施耐庵/著
《水浒全传》（一百二十回本）
上海古籍出版社

《水浒传》是中国文学里程碑式的作品，这部小说首次通过现实主义形式反映了反对地主和专政的压迫的中世纪农民起义，小说是一个具有丰富想象的画廊。

——《苏联大百科全书》

施耐庵（1296—1370），元末明初小说家，名子安，字耐庵，钱塘(今浙江杭州)人。曾中进士，做过官，因与当政权贵不合而弃官归隐。施耐庵才华横溢，称得上"上知天文下知地理"。洪武初年，他到江阴财主徐骐家中坐馆教书，开始与弟子罗贯中一起研究《三国演义》、《三遂平妖传》的创作，并搜集、整理关于梁山泊宋江等英雄人物的故事。后来，他在白驹修了房屋，专心创作《江湖豪客传》，成书后定名为《水浒传》。

认识这本书

《水浒传》是我国第一部成功的长篇章回体小说。它豪情惊世，是世界小说史上罕有的倾向鲜明、规模宏大的描写人民群众抗暴斗争的长篇小说。

小说通过生动的艺术描写反映了梁山起义发生、发展乃至失败的整个过程。其故事情节大致可分为两大部分：前七十回以宋江、晁盖为首，逐渐吸纳四方豪杰上梁山。这一阶段中，梁山好汉大块吃肉，大碗喝酒，杀得贪官污吏心惊胆战，令人大呼痛快。后五十回则描写了梁山好汉接受朝廷招安，为国尽忠，损失殆尽的悲剧。全书反映了北宋末年的政治及社会乱相，揭露了"官逼民反"的残酷现实。

施耐庵继承了民间话本的传统，重视在情节的展开中刻画人物性格。书中主要人物虽说有一百多个，每个人物的个性却都十分生动活泼，其言语、行为皆与其身份、地位紧密结合。

精彩片段赏读

郑屠右手拿刀，左手便来要揪鲁达，被这鲁提辖就势按住左手，赶将入去，望小腹上只一脚，腾地踢倒了在当街上。鲁达再入一步，踏住胸脯，提起那醋钵儿大小拳头，看着这郑屠道："洒家始投老种经略相公，做到关西五路廉访使，也不枉了叫做镇关西。你是个卖肉的操刀屠户，狗一般的人，也叫做镇关西！你如何强骗了金翠莲？"扑的只一拳，正打在鼻子上，打得鲜血迸流，鼻子歪在半边，却便似开了个油酱铺，咸的、酸的、辣的，一发都滚出来。（第一拳：打鼻子，嗅觉描写。）郑屠挣不起来，那把尖刀也丢在一边，口里只叫："打得好！"鲁达骂道："直娘贼，还敢应口！"提起拳头来就眼眶际眉梢只一拳，打得眼棱缝裂，乌珠迸出，也似开了个彩帛铺的，红的、黑的、绛的，都滚将出来。（第二拳：打眼睛，视觉描写。）两边看的人惧怕鲁提辖，谁敢向前来劝？郑屠当不过讨饶。鲁达喝道："咄！你是个破落户，若是和俺硬到底，洒家倒饶了你。你如何叫俺讨饶，洒家却不饶你。"又只一拳，太阳上正着，却似做了一个全堂水陆的道场，磬儿、钹儿、铙儿一齐响。（第三拳：打太阳穴，听觉描写。这一连串应接不暇的形象比喻，使鲁达的三拳各尽其妙。）鲁

达看时，只见郑屠挺在地下，口里只有出的气，没了入的气，动掸不得。鲁提辖假意道："你这厮诈死，洒家再打。"只见面皮渐渐的变了，鲁达寻思道："俺只指望痛打这厮一顿，不想三拳真个打死了他。洒家须吃官司，又没人送饭，不如及早撤开。"拔步便走，回头指着郑屠尸道："你诈死，洒家和你慢慢理会。"（两次骂郑屠诈死，表现了鲁达粗中有细的一面。）一头骂，一头大踏步去了。❋

——节选自《水浒传》（一百二十回本）第三回，原题为《史大郎夜走华阴县　鲁提辖拳打镇关西》

三国演义

[明代]罗贯中/著
人民文学出版社

中国古代历史小说的最高成就。

　　罗贯中（约1330—1400），元末明初著名小说家、戏曲家，名本，字贯中，号湖海散人，祖籍山西太原。他从小喜欢读书，博览经史，为他后来从事小说创作打下了良好的基础。他的代表作是《三国演义》。此外，他还编撰有小说《隋唐两朝志传》、《残唐五代史演义》和《三遂平妖传》等。据说他还参与了《水浒传》的创作和加工。

认识这本书

　　《三国演义》是中国文学史上长篇章回小说的开山之作，描写了东汉灵帝到晋武帝近一百年间发生的事件，着重写了魏、蜀、吴三国的政治军事斗争。全书将蜀汉置于主导地位，以刘备、关羽、张飞和诸葛亮为中心人物，以刘备和曹操的矛盾斗争为情节发展的主线，体现了拥刘反曹的思想倾向。

　　书中写了大大小小多场战事，展现了一个个刀光剑影的激战场面，其中官渡之战、赤壁之战、彝陵之战写得波澜起伏、气势恢弘，读来惊心动魄。在这些战事中，作者用浅显的语言塑造了一批叱咤风云的英雄人物，其中曹操、诸葛亮、关羽的形象尤为出色：曹操是个能臣兼奸雄的双重形象；诸葛亮是贤相的典型，也是军事、政治智慧的化身；关羽是忠义的象征。"三绝"之外，张飞的勇猛鲁莽、心直口快，赵云的浑身是胆、冷静忠诚，刘备的仁慈忠厚，孙权的优柔寡断，鲁肃的外愚内智，司马懿的老奸巨猾，吕布的见利忘义，都让人掩卷难忘。

精彩片段赏读

忽探子来报："华雄引铁骑下关，用长竿挑着孙太守赤帻，来寨前大骂搦战。"绍曰："谁敢去战？"袁术背后转出骁将俞涉曰："小将愿往。"绍喜，便著俞涉出马。即时报来："俞涉与华雄战不三合，被华雄斩了。"众大惊。太守韩馥曰："吾有上将潘凤，可斩华雄。"绍急令出战。潘凤手提大斧上马。去不多时，飞马来报："潘凤又被华雄斩了。"（华雄轻易就斩了俞涉和潘凤。这两处一笔带过，为后面关羽斩华雄作铺垫。）

众皆失色。绍曰："可惜吾上将颜良、文丑未至！得一人在此，何惧华雄！"言未毕，阶下一人大呼出曰："小将愿往斩华雄头，献于帐下！"众视之，见其人身长九尺，髯长二尺，丹凤眼，卧蚕眉，面如重枣，声如巨钟，立于帐前。绍问何人。公孙瓒曰："此刘玄德之弟关羽也。"绍问现居何职。瓒曰："跟随刘玄德充马弓手。"帐上袁术大喝曰："汝欺吾众诸侯无大将耶？量一弓手，安敢乱言！与我打出！"曹操急止之曰："公路息怒。此人既出大言，必有勇略；试教出马，如其不胜，责之未迟。"袁绍曰："使一弓手出战，必被华雄所笑。"（欲扬先抑，关羽因为地位低微，被袁绍瞧不起。）操曰："此人仪表不俗，华雄安知他是弓手？"关公曰："如不胜，请斩某头。"操教酾热酒一杯，与关公饮了上马。关公曰："酒且斟下，某去便来。"出帐提刀，飞身上马。众诸侯听得关外鼓声大振，喊声大举，如天摧地塌，岳撼山崩，众皆失惊。（间接描写，只写战鼓声，喊杀声，不写关羽与华雄二人的打斗，制造悬念。）正欲探听，鸾铃响处，马到中军，云长提华雄之头，掷于地上。——其酒尚温。（寥寥四字，表现了关羽的英勇无敌，用字极省！）❀

——节选自《三国演义》第五回，原题为《发矫诏诸镇应曹公　破关兵三英战吕布》

51

西游记

[明代] 吴承恩/著
人民文学出版社

具有丰富内容和光辉思想的神话小说。

——《美国大百科全书》

吴承恩（1501—1582），字汝忠，号射阳山人，明代淮安府山阳县（今江苏淮安）人。他从小"敏而多慧，博览群书"，但与父亲的愿望恰恰相反，小吴承恩对"四书"、"五经"的兴趣远远不如对神仙鬼怪传说的兴趣大，为此他免不了挨板子。都说"塞翁失马，焉知非福"，吴承恩在科举路上屡试屡败后，索性专心著书，最终在晚年完成了这一妇孺皆知的文学巨著。

认识这本书

　　《西游记》开我国神魔长篇章回小说之先河，同时也是世界文学史上杰出的浪漫主义著作。从19世纪开始，它被翻译为日、英、法、德、俄等十来种文字流行于世。

　　故事主体由三部分组成，第一部分写孙悟空的出身和大闹天宫；第二部分交待唐僧身世和取经缘由；第三部分写孙悟空皈依佛门，保护唐僧去西天取经，历尽九九八十一难，终成"正果"。

　　作者通过天马行空的想象和奇特的夸张笔法，围绕师徒四人展开了一幅幅游历式的动态画卷。取经路上，师徒四人既有合作也有矛盾，孙悟空机智勇敢，唐僧坚定虔诚，猪八戒好吃贪睡，沙和尚勤恳恳依顺，作者正是通过书中对不同人物的不同描写，歌颂了正义、无畏和勇敢的斗争精神。

精彩片段赏读

正嚷处，真君到了，问："兄弟们，赶到那厢不见了？"众神道："才在这里围住，就不见了。"二郎圆睁凤目观看，见大圣变了麻雀儿，钉在树上，（动作描写，一个"钉"字写出了孙悟空的小心谨慎。）就收了法象，撇了神锋，卸下弹弓，摇身一变，变作个饿鹰儿，抖开翅，飞将去扑打。大圣见了，搜的一翅飞起去，变作一只大鹚老，冲天而去。二郎见了，急抖翎毛，摇身一变，变作一只大海鹤，钻上云霄来嗛。大圣又将身按下，入涧中，变作一个鱼儿，淬入水内。二郎赶至涧边，不见踪迹。心中暗想道："这猢狲必然下水去也，定变作鱼虾之类。等我再变变拿他。"果一变变作个鱼鹰儿，飘荡在下溜头波面上。等待片时。那大圣变鱼儿，顺水正游，忽见一只飞禽，似青鹞，毛片不青；似鹭鸶，顶上无缨；似老鹳，腿又不红："想是二郎变化了等我哩！……"急转头，打个花就走。二郎看见道："打花的鱼儿，似鲤鱼，尾巴不红；似鳜鱼，花鳞不见；似黑鱼，头上无星；似鲂鱼，腮上无针。（连用比拟。用我们熟悉的事物作比，能够很快让读者理解不熟悉的事物。）他怎么见了我就回去了？必然是那猴变的。"赶上来，刷的啄一嘴。那大圣就撺出水中，一变，变作一条水蛇，游近岸，钻入草中，二郎因嗛他不着。他见水响中，见一条蛇撺出去，认得是大圣，急转身，又变了一只朱绣顶的灰鹤，伸着一个长嘴，与一把尖头铁钳子相似，径来吃这水蛇。水蛇跳一跳，又变做一只花鸨，木木樗樗的，立在蓼汀之上。二郎见他变得低贱——花鸨乃鸟中至贱至淫之物，不拘鸾、凤、鹰、鸦都与交群——故此不去拢傍，即现原身，走将去，取过弹弓拽满，一弹子把他打个躘踵。❋

——节选自《西游记》（一百回本）第六回，原题为《观音赴会问原因　小圣施威降大圣》

岳飞传

［清代］钱彩/原著
裴效维、王慧琴/改写
浙江少年儿童出版社

　　描写南宋时期抗金英雄岳飞及其岳家军故事的一部经典历史小说。

　　钱彩（约1729年前后在世），字锦文，清代小说家。钱彩在民间广泛流传的岳飞故事的基础上，吸收了民间文学的营养，创作了《说岳全传》。此书在社会上具有深远影响，在同类小说中可谓佼佼者。20世纪80年代，辽宁作家王印权据此故事整理成评书《岳飞传》，由刘兰芳播讲，将岳飞故事的传播推向了历史的高峰。

认识这本书

　　这是一部以岳飞抗金故事为题材、带有某种历史演义色彩的英雄传奇小说。全书的主旨秉承自宋以来延续数百年的忠君爱国思想，热情讴歌了岳飞及其岳家军尽忠抗敌、保家卫国的爱国主义精神，痛斥秦桧等奸臣投降卖国、残害忠良的无耻行径。集中体现这一思想精华的，就是岳飞这一形象。岳飞勇武过人，智谋卓越，忠孝节义，精忠报国，是个理想化的人物。为了一个"忠"字，他可以置战

场胜败于不顾，置身家性命于度外，慷慨就义，别无怨言。这一点，正是千百年来令千千万万读者感动的所在。

　　作者以虚实结合的创作态度，创作出许多精彩的情节，如"枪挑小梁王"、"岳母刺字"、"高宠挑滑车"、"梁红玉击鼓战金山"、"王佐断臂"和"牛皋扯旨"等，都是脍炙人口的故事。

精彩片段赏读

　　梁王听了大喜，重新整理好了，披挂上马，来到校场中间，却好岳大爷才到。梁王抬起头来，看那岳飞雄赳赳，气昂昂，不比前番胆怯光景，心中着实有些胆怯。（心理描写，梁王心存胆怯。）叫声："岳举子，依着孤家好！你若肯把状元让与我，少不得榜眼、探花也有你的份，日后自然还有好处与你。今日何苦要与孤家作对呢？"岳大爷道："王爷听禀，举子十载寒窗，所为何事？自古说：'学成文武艺，原是要货与帝王家的。'但愿千岁胜了举子，举子心悦诚服。若以威势相逼，不要说是举子一人，还有天下许多举子在此，都是不肯服的！"

　　梁王听了大怒，提起金背刀，照岳大爷顶梁上就是一刀。岳大爷把沥泉枪咯当一架。那梁王震得两臂酸麻，叫声："不好！"不由心慌意乱。再一刀砍来。岳大爷又把枪轻轻一举，将梁王的刀枭过一边。梁王见岳飞不还手，只认他是不敢还手，就胆大了，使开金背刀，就上三下四、左五右六，望岳大爷顶梁颈脖上只顾砍来。岳大爷左让他砍，右让他砍，砍得岳大爷性起，叫声："柴桂！你好不知分量。差不多，全你一个体面，早些去罢了，不要倒了霉呀！"梁王听见叫他名字，怒发如雷，骂声："岳飞好狗头！本藩抬举你，称你一声举子，你擅敢冒犯本藩的名讳么？不要走，吃我一刀！"提起金背刀，照着岳大爷顶梁上呼的一声砍将下来。这岳大爷不慌不忙，举枪一架，枭开了刀，刷的一枪，望梁王心窝刺来。梁王见来得厉害，把身子一偏，正中肋甲绦。岳大爷把枪一起，把个梁王头望下、脚朝天挑于马下；复一枪，结果了性命。（岳飞枪挑小梁王的场面描写紧张激烈又错落有致，让人眼花缭乱。）只听得合校场中众举子并那些看的人，齐齐地喝一声彩。急坏了左右巡场官；那些护卫兵、丁军、夜班等，俱吓得面面相觑。巡场官当下吩咐众护兵："看守了岳飞，

不要让他走了。"那岳大爷神色不变，下了马，把枪插在地上，就把马拴在枪杆之上等令。

——节选自《岳飞传》第九回《奸臣作梗起纠纷，校场枪挑小梁王》

史 记

[西汉] 司马迁/原著
人民文学出版社

> 史家之绝唱，无韵之《离骚》。
>
> ——鲁迅

司马迁（公元前145—前87），西汉著名史学家、文学家，字子长，陕西韩城人，生活在西汉武帝时代，家中世代为史官。司马迁10岁开始学习古文，勤于思考。从20岁起，他开始游历大江南北，遍访名山大川，探寻历史古迹，实地考察各地的风土人情、历史掌故，了解民间的疾苦，这为以后编写《史记》积累了宝贵的资料。最终经过十几年的努力，司马迁完成了对后世影响深远的我国第一部纪传体通史——《史记》。

认识这本书

《史记》是我国第一部纪传体通史，同时也是一部伟大的传记文学巨著。这部著作整理和保存了从五帝传说到西汉中叶三千多年的历史资料；在史学界所占据的崇高地位和产生的深远影响是其他任何书都无可比拟的。《史记》不仅形象生动地展现了古代社会波澜壮阔的生活画面，而且成功地塑造了大量栩栩如生的历史人物形象。歌颂了真善美，鞭笞了假恶丑，具有崇高的思想价值和文学价值，是中华民族宝贵的精神财富。

精彩片段赏读

　　荆轲与秦舞阳走的那天，太子丹与送行的人都穿戴起白衣白帽，来到易水边，高渐离击筑为曲，荆轲便唱起了凄凉的歌："萧萧的风声呵易水寒，壮士呵一去不复还！"（场面描写，营造出悲壮的氛围，也暗示了后文荆轲刺秦的失败。）

　　荆轲到了秦国，用重金贿赂了秦王宠臣蒙嘉。蒙嘉便在秦王面前报告说："燕王屈服大王的声威，不敢出兵抗我大秦，愿归附大王脚下，特派人斩了樊于期的头，并献上燕国的地图，敬候大王的命令。"秦王听了大喜，立即在咸阳宫召见燕国使者。

　　荆轲从容地捧着装有樊于期头的匣子，秦舞阳胆怯地捧着地图，来到宫中阶前。（"从容"和"胆怯"这两个形容词使荆轲与秦舞阳形成鲜明的对比，突出了荆轲的高大形象。）荆轲回头向秦舞阳笑了笑，便说："北方的野人没有见过天子，非常害怕，望大王宽恕他一些。"秦王说："把地图拿来。"荆轲便取了地图呈上，秦王将卷着的地图打开，露出了匕首。荆轲马上用左手抓住秦王的衣袖，用右手拿起匕首就刺秦王。秦王大惊失色，没有被荆轲刺着，只有衣袖被扯断了。荆轲追赶秦王，秦王绕着柱子急跑，心里十分惶恐，不知如何拔剑。左右群臣说："大王！把剑背起来拔！"秦王顿悟，从背面拔出宝剑，砍断了荆轲的左腿。荆轲受伤不能行，将匕首掷向秦王，没有击中，便坐在地上大笑，骂道："刺你没成功，只因想活捉胁迫你，好让你退还侵占的土地，来回报太子。"（"掷"、"大笑"、"骂"这三个描写动作的词语充分表现了荆轲的豪迈气概和不朽形象。）左右人于是上前杀了荆轲。✳

——节选自《史记故事》中《荆轲刺秦》一章

东周列国志

[明代]冯梦龙、[清代]蔡元放/原著
林汉达/改写
文汇出版社

> 这是古今中外时间跨度最长、人物最多的一部小说。

冯梦龙（1574—1646），字犹龙。他善于诗文，才华横溢，但是科举不得志，晚年才补为贡生，任过知县。在任期间，他为官清廉，勤于施政。清兵入关，参与抗清活动，后忧愤而死。他编著"三言"，即《喻世明言》、《警世通言》、《醒世恒言》，增补了长篇小说《平妖传》，改著了《东周列国志》，编撰了笔记类书《古今谈概》、《智囊》等。

蔡元放，名界，号"七都梦夫"、"野云主人"，清初著名文学家。

认识这本书

本书是一部脍炙人口的长篇章回历史演义小说，情节均是从《史记》、《左传》、《国语》、《战国策》等书中汲取而来。它演绎了春秋战国时期五百多年的历史，描绘出春秋五霸、战国七雄的兴衰过程，生动地再现了当时诸侯之间群雄逐鹿、兼并称霸的局面，塑造了如侠士荆轲、说客苏秦、霸主齐桓公、昏君周幽王、贤相管仲等众多个性鲜明的人物形象。描述了许多著名的历史故事，如千金买笑、卫懿公好鹤、伍子胥微服过韶关、卧薪尝胆等，文笔洗练，寓意深长。书中所写的春秋列国时期的许多史实，如"完璧归赵"、"负荆请罪"等，已经演变成脍炙人口的成语，成为中华文化的宝贵遗产。

精彩片段赏读

周幽王是西周王朝的最后一位国君，性情暴躁，喜怒无常。

他的父亲周宣王临终之前曾经委托尹吉甫、召虎等老臣辅佐幽王。幽王即位之后，就立诸侯申伯的女儿为王后，儿子宜臼为太子。后来，尹吉甫、召虎等老臣相继去世，幽王便任用虢公石父、祭父和尹吉甫的儿子尹球为三公，这三个人都是阿谀奉承、贪慕权势之徒，不但不能辅佐幽王振兴西周王朝，而且往往助纣为虐，做了很多坏事。当时的大臣，只有司徒郑伯友为人正直，但得不到幽王的重用。（周幽王在用人方面的失察是导致他后来失国的主要原因，这为故事情节的发展作了铺垫。）

一天，幽王上朝，看守岐山的大臣上奏说："泾河、黄河、洛水三条河流在同一天都发生了地震。"幽王听了，笑着说："山崩地震这些寻常事，又何必告诉我呢？"便置之不理。退朝之后，太史伯阳父拉着大夫赵叔带的手叹息说："这三条河都发源于岐山，怎么会地震啊！以前伊水、洛水干涸了，接着夏朝就亡国了；黄河干涸了，商朝就灭亡了。如今这三条河都发生地震，河的源头就会堵塞，那么岐山肯定会崩塌。岐山是我们的祖先太王兴起的地方，如果崩塌了，西周能没有事吗？"赵叔带说："天子不理朝政，任用奸臣。我的职责就是向天子劝善进谏，我一定要尽我所能规劝他。"（赵叔带的话体现了他的忠臣本色。）

两个人谈了很久，早有人把这事报告给了虢公石父。虢公石父害怕赵叔带向天子进谏会揭露他的罪恶，于是就进宫把伯阳父和赵叔带谈话的内容告诉了幽王，说他诽谤朝廷，妖言惑众。幽王听信了他的话。后来赵叔带屡次进谏都没有成功。

又过了几天，看守岐山的大臣再次向幽王上奏说："泾河、黄河、洛水三条河流都干了，岐山崩塌，压坏了好多民房。"幽王一点儿也不理会，却让手下搜求美女充实后宫。于是赵叔带又进谏说："山崩河干，这都是不祥之兆啊！而且岐山是西周的根基所在，一旦崩溃，后果非常严重。现在陛下如果勤政爱民，任用贤良，还可以消除天变，为什么不求贤

才而求美女呢？"虢公石父说："周王朝定都丰镐，已经千百年了，岐山就像丢弃的鞋子一样，跟国家兴亡有什么关系呀！赵叔带怠慢天子，诽谤朝政，请陛下详察！"幽王听信谗言，罢免了赵叔带的官职。❁

——节选自《东周列国志》第一回《周幽王无道失国》

三十六计

余满玖/编著
上海古籍出版社

一部堪称"益智之荟萃，谋略之大成"的兵学奇书。

《三十六计》一书，作者不详，约成书于明、清之交。而在此之前的很长一段时间里广泛地流传于民间，最早记载在《南齐书·王敬则传》里边。是我国流传较为久远，普及面较为广泛的兵法通俗读物。

认识这本书

《三十六计》是根据我国古代卓越的军事思想和丰富的斗争经验总结而成的兵书，是中华民族悠久的文化遗产之一。原书按计名排列，共分六套，即胜战计、敌战计、攻战计、混战计、并战计、败战计。前三套是处于优势所用之计，后三套是处于劣势所用之计。每套各包含六计，总共三十六计。其计名，有的来源于历史典故，如"围魏救赵"、"假道伐虢"等；有的来源于古代军事术语，如"以逸待劳"、"声东击西"等；有的来源于古代诗人的诗句，如"李代桃僵"、"擒贼擒王"等；有的借用成语，如"金蝉脱壳"、"指桑骂槐"等。

精彩片段赏读

　　欲擒故纵中的"擒"和"纵"，是一对矛盾。军事上，"擒"，是目的，"纵"，是方法。古人有"穷寇莫追"的说法，实际上，不是不追，而是看怎样去追。把敌人逼急了，只得集中全力，拼命反扑。不如暂时放松一步，使敌人丧失警惕，斗志松懈，然后再伺机而动，歼灭敌人。

　　诸葛亮七擒孟获，就是军事史上一个"欲擒故纵"的绝妙战例。蜀汉建立之后，定下北伐大计。当时西南夷酋长孟获率十万大军侵犯蜀国。诸葛亮为了解决北伐的后顾之忧，决定亲自率兵先平孟获。蜀军主力到达泸水（今金沙江）附近，诱敌出战，事先在山谷中埋下伏兵，孟获被诱入伏击圈内，兵败被擒。

　　按说，擒拿敌军主帅的目的已经达到，敌军一时也不会有很强战斗力了，乘胜追击，自可大破敌军。但是诸葛亮考虑到孟获在西南夷中威望很高，影响很大，如果让他心悦诚服，主动请降，就能使南方真正稳定。不然的话，南方夷各个部落仍不会停止侵扰，后方难以安定。诸葛亮决定对孟获采取"攻心"战，断然释放孟获。孟获表示"下次定能击败你"，诸葛亮笑而不答。孟获回营，拖走所有船只，据守泸水南岸，阻止蜀军渡河。诸葛亮乘敌不备，从敌人不设防的下流偷渡过河，并袭击了孟获的粮仓。孟获暴怒，要严惩将士，激起将士的反抗，于是相约投降，趁孟获不备，将孟获绑赴蜀营。诸葛亮见孟获仍不服，再次释放。以后孟获又施了许多计策，都被诸葛亮识破，四次被擒，四次被释放。最后一次，诸葛亮火烧孟获的藤甲兵，第七次生擒孟获。终于感动了孟获，他真诚地感谢诸葛亮七次不杀之恩，誓不再反。从此，蜀国西南安定，诸葛亮才得以举兵北伐。

　　总评：诸葛亮对孟获七擒七纵，决非感情用事，他的最终目的是在政治上利用孟获的影响，稳住南方，在地盘上，乘机扩大疆土。通常情况下，抓住了敌人的主帅不可轻易放掉，以免后患。而诸葛亮审时度势，采用攻心之计，七擒七

纵，主动权操在自己的手上，最后终于达到目的。这说明诸葛亮深谋远虑，随机应变，巧用兵法，是个难得的军事奇才。❋

——节选自《三十六计》之《欲擒故纵》

吹牛大王历险记

[德国]埃·拉斯伯、戈·毕尔格/著　[法国]杜莱/插图
刘　浩、高更夫/编译
人民文学出版社

　　高尔基将《吹牛大王历险记》与歌德的《浮士德》、莱辛的《解放了的普罗米修斯》等相提并论，称之为受人民口头创作影响的"最伟大的书本文学作品"。

　　埃·拉斯伯（1737—1794），德国学者，出生于德国汉诺威贵族家庭。他学识渊博，智慧过人，先后学习过矿物、地质、火山和语言学。1785年，他用英语写成《敏豪森旅俄猎奇录》，在伦敦出版。

　　戈·毕尔格（1747—1794），德国狂飙突进时期著名的叙事诗诗人。他一生拮据，47岁那年终因贫病交加不幸早逝。然而，毕尔格在文学上却才华横溢。1786年，他匿名出版了该故事的德文译本，并增添了不少有趣的内容，名为《闵希豪生男爵历险记》。

认识这本书

　　《吹牛大王历险记》曾是18世纪德国一位男爵讲的故事，后由德国作家埃·拉斯伯和戈·毕尔格再创作而成。这本书因为充满了丰富的想象和离奇的夸张，被誉为18世纪儿童文学的瑰宝和讽刺文学的丰碑。

　　它主要讲述神秘骑士闵希豪生的一些打猎、探险、游历和战争的故事。在讲述这些故事的时候，为了显示自己的智慧，闵希豪生不着边际地对所讲的内容进行吹嘘和夸张，因此让人读起来刺激、惊险、风趣幽默，回味无穷。

65

在打猎故事中，主人公神秘骑士总能摆脱危险，收获多多；在战争故事中，神秘骑士虽然屡次遭遇危险，但凭借自己的英勇和机智，最终总是化险为夷；在探险故事中，为了满足自己的好奇心，他会飞上天去看月亮、去观察火星，会从火山顶上跳下去研究火山爆发的秘密，然而他从来都没有因为困难而停下脚步。作品通过这一系列故事，刻画了一个既爱说大话，同时又具有机智、勇敢、正直、热情等可贵品质的神秘骑士形象，体现出一种对智慧、勇敢等品质的崇尚。

精彩片段赏读

　　我们在海上旅行，沿途没遇到奇怪的事情，直到离圣洛伦茨河还有三百公里的光景，船只却不知碰到了什么，来了个猝不及防的巨大震动。我们认为这显然是一块礁石，于是把测深锤抛下，尽管量了有五百来克拉夫特那么深浅，却依旧没碰到海底。从这不测的震动事故中，使人感到莫名其妙而又难以弄懂，倒是我们竟会丢失了船舶，且牙樯也会齐腰中断，所有的桅杆从头到尾开裂，有两根甚至打在甲板上，砸得粉碎。一个可怜的家伙正在主桅上收卷布篷，这时却被摔了出去，至少离船有三公里之遥，然后掉入海里。但是，正因为如此，他却运气很好，反而得救了，原来他被抛到半空中时，凑巧抓到一只栗色鸭的尾巴，这不仅缓和了他掉入大海的速度，而且使他有机会翻到它的背上，甚至伏在它的脖子和翅膀当中，然后慢慢地泅水过来，最后让人把他拖上了甲板。要证实这次冲击的厉害，另外还有依据：当时，甲板底下所有的船员，全都两脚腾空地弹了上去，脑袋在天花板上撞个正着。我被这么一碰，脑袋立刻缩到了胃里，哎，总要将息了好几个月，它方始长到原来的模样。（"脑袋立刻缩到了胃里"，这种极度的夸张不合常理，却十分符合"吹牛"的特点。）还有一次，我们陡然发现一条巨大的鲸鱼，它躺在水面上晒太阳，睡得正酣，大家顿时惊恐万状，陷入一片难以形容的混乱之中。这庞然大物，受到我们船只的骚扰，大为不满，就用它的尾巴这么一甩，竟把我们船尾瞭望台和一部分的甲板打得稀烂，与此同时，又露出了两排利牙，咬住我们向来搭在舵

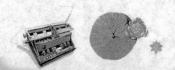

上的那个主锚，然后拖着我们的船只，匆匆游去，嚯，它至少游了六十公里开外，那一个小时，是以六公里计算的喽！天晓得，要不是还有些运气，那根铁链及时断裂的话，我们真不知要被拖到哪儿去哩！固然，鲸鱼丢失了我们的船只，可我们也失去了那个铁锚。但是，六个月后，当我们重游欧洲时，发现离这老地方几公里外的所在，那条鲸鱼浮在海面上，已经死去了。不是我吹牛，把它的身子量一量，至少有半公里那么长。（本来就是在吹牛，却说"不是我吹牛"，这非常符合吹牛者的语言特点，让人看后不禁要会心一笑。）✳

——节选自《吹牛大王历险记》中《海上历险其二》

67

木偶奇遇记

[意大利] 卡洛·科洛迪/著
任溶溶/译
人民文学出版社

> 我费了几点钟的工夫把《木偶奇遇记》读完之后，我虽然已经不是一个小孩子了，然而我也像丰子恺先生家里的孩子们那样被这奇异的故事迷住了。
>
> ——巴　金

卡洛·科洛迪（Carlo Collodi，1826—1890），意大利著名儿童文学作家。原名卡洛·洛伦齐尼，1826年11月24日出生在意大利托斯坎纳地区一个叫科洛迪的小镇，他的笔名便由此而来。由于偶然的原因，朋友请他翻译了三篇法国童话，他起了为儿童写作之念，写了几本以"小手杖"为主角的童话，当然为他赢得最多赞誉的，还是大名鼎鼎的《木偶奇遇记》。为了纪念他，意大利设立了科洛迪儿童文学奖。

认识这本书

1881年，科洛迪给一位编辑朋友寄了几个关于小木偶的故事，他附言说"这点儿傻玩意儿"能用就用，随意处理好了。正是"这点儿傻玩意儿"以及后来接下来说的故事，成了意大利有史以来最伟大的童话，它就是《木偶奇遇记》。

《木偶奇遇记》叙述的是小木偶皮诺乔经历了一系列奇异的冒险后，终于学会诚实、勇敢、善良而成了一个真正的男孩。皮诺乔是老木匠杰佩托用一块有"生命"的木头——这块木头会哭会笑还很顽皮——做成的，他的成长经历可谓一波三折。

一次，父亲杰佩托外出时，皮诺乔把自己弄湿了，因为烤火时不专心，结果把脚烧着了，幸亏父亲及时赶到才避免更大的灾难。老人给他重新做了脚，卖掉上衣供他上学。可是贪玩的小木偶为了看戏不惜卖掉课本。回家的路上，他又上了狐狸和猫的当，险些丢了性命。虽然得到仙女的搭救，但缺乏自制力的皮诺乔又因为闯祸被迫做了看家狗。重获自由后，小木偶一心想成为一个用功读书的好孩子，可是在同学的怂恿下又逃学了，没想到这再一次让他经历险境……

作者以小木偶为主角，通过拟人、夸张、想象等手法成功塑造了小木偶这一形象。他聪明、善良、顽皮而又任性，他的故事给孩子们以有益的教诲和艺术的感染。科洛迪创作《木偶奇遇记》的初衷，就是为了教育儿童学会抵制种种诱惑，做一个诚实、听话、爱学习、爱劳动并能帮助父母的好孩子。但故事并没有因此落入纯粹的说教俗套，而是通过变形和荒诞处理，变得充满趣味。故事中有一个细节：每次皮诺乔一说谎，他的鼻子就会变长，因为故事是如此吸引人，所以让小读者相信说谎真的会让鼻子变长。

精彩片段赏读

现在诸位要知道，皮诺乔在他的朋友和同学中间，有一个最知己最要好的，名字叫罗梅奥，可大家给他取了个绰号叫"小灯芯"，因为他又干又瘦，活像晚上小油灯点的一根新灯芯。（外貌描写，用比喻的手法形象地写出了"小灯芯"的瘦小。）

小灯芯在全校学生当中最懒惰最捣蛋，可皮诺乔却很喜欢他。事实就是这样，他一开头就上他家去找他，要请他赴早宴，可没碰到。他第二次去，小灯芯不在家。他第三次去，还是白跑。

哪儿能找到他呢？这里找，那里找，最后总算看见他躲在一间农舍的门廊里。

"你在这儿干吗？"皮诺乔走过去问他。

"等半夜好离开这里……"

"上哪儿去？"

"上很远很远的地方去！"

"我可是上你家找你三次了！……"

"你找我干吗？"

"你不知道这个重要消息吗？你不知道我交的好运吗？"

"什么好运？"

"赶明儿我就不再是木偶，要变成一个真孩子，像你，像大家一样了。"

"恭喜恭喜。"

"就为了这件事，希望你明天上我家赴早宴。"

"可我跟你说了，我今天夜里就得离开这里！"

"几点钟？"

"半夜十二点。"

"上哪儿？"

"上一个国家……这是全世界最美的国家，一个真正的快乐的国家！……"

"这国家叫什么名字？"

"叫'玩儿国'。你干吗不跟我一起去呢？"

"我，我可不去！"

"那你就大错特错了，皮诺乔！你相信我的话，不去你要后悔的。对我们孩子来说，哪儿还能找到一个比那里更好的国家呢？那儿没有学校，没有老师，没有书本。在这幸福的国家里永远不需要学习。星期四不用上学，一个星期有六个星期四和一个星期日。你想象一下吧，秋假从一月一号放到十二月最后一天。这个国家真配我的胃口！一切文明国家都该像它这样才好……"（语言描写，"小灯芯"千方百计地要去"玩儿国"，并且还怂恿皮诺乔一块去，可以看出他是最调皮、最不勤奋的孩子。）❀

——节选自《木偶奇遇记》第三十章，原题为《坏朋友灯芯》

绿野仙踪

[美国]莱曼·弗兰克·鲍姆/著

陈伯吹/译

少年儿童出版社

> 奥兹国的历险，就是这样一部不断为孩子们创造着快乐的童话传奇。
>
> ——儿童阅读推广人 漪 然

莱曼·弗兰克·鲍姆（Lyman Frank Baum，1856—1919），美国"童话之父"。他出生于一个富庶的企业主家庭，由于对童话和幻想故事的迷恋几乎到了"白日梦"的程度，父母很担心这会影响他的性格发展，决心送他去军校。军校的严谨生活并没有改善他的性格，只导致他精神崩溃。父母只好任由他发展自己的兴趣。

鲍姆兴趣广泛，成年后从事过各种职业。有很长一段时间，他需要在世界各地进行商务旅行，他甚至到过中国。他的《鹅妈妈的故事集》和《绿野仙踪》（又名《奥兹国的魔术师》）是美国儿童文学史上划时代的作品。

认识这本书

《绿野仙踪》是美国儿童文学史上的第一部长篇童话，出版后连续两年高居畅销书榜首。

这部童话巨著实际上是由14部"OZ国"（又译为"奥兹国"）系列童话构成，讲述了一个惊险刺激的历险故事。从内容来分，前7部是以奥兹国历险为主线的系列故事，后7部是以奥兹国的魔法师们为主线的系列故事。

主人公多萝茜是美国堪萨斯州的一个小姑娘。一天，她和她的小狗托托被一阵威力无比的龙卷风带到了一个神奇的国度——奥兹国。为了回到家乡，多萝茜开始了漫长的旅程，她陆续结识了稻草人——他需要一副脑子、铁皮人——他需要一颗心以及胆小的狮子——他需要胆量。为了实现各自的心愿，他们历尽艰险，患难与共，一起经历了那些不可思议的奇遇。

作者通过卓越的艺术想象，使作品幻境奇特，而夸张、拟人等手法又使各类形象善恶分明、性格突出；在构思上，情节既合情理又惊险曲折；在创作中，运用单纯而优美的文字，用单一的线索统筹全篇，使作品富于儿童的天真和情趣。

精彩片段赏读

多萝茜把下巴靠在手上，呆呆地凝视着稻草人。他的头是一口小布袋，塞满了稻草，上面画着眼睛、鼻子和嘴巴，装成了一个脸儿。戴在头上的是一顶像芒奇金人样式的破旧的、蓝色的尖顶帽子，身上穿的是一件蓝色的衣服，已经褪了色，身体里面也是塞满了稻草。套在脚上的是一双蓝布面的旧鞋子。在这个地方，好像每一个人都是这样装束的。用一根竹竿插入他的背部，这家伙就被高高吊起在稻田上面了。（通过多萝茜的视角刻画了稻草人的外貌，描写细致生动。）

正当多萝茜认真地注视那稻草人的脸上画着的奇特的色彩时，她吃惊地看见他一只眼睛徐徐地向她眨着。（神态描写，激发读者的好奇心和阅读兴趣。）起初，她想她一定弄错了，因为在堪萨斯州的稻草人，没有一个是眨眼的。但是现在这个家伙，却又在友好地向她点点头。于是她从短墙上爬下来，走到他那里去，这时候托托在竹竿的四周跑着，吠着。

"好哇！"稻草人说，声音有几分嘶哑。

小女孩奇怪地问道："是你在讲话吗？"

"当然，"稻草人回答说，"你好哇？"

"谢谢你，我很好，"多萝茜很有礼貌地回答说，"你好吗？"

"我觉得不舒服，"稻草人微笑着说，"因为整天整夜地被吊在这里，吓走乌鸦们，是一件十分讨厌的事情。"

多萝茜问："你能够下来吗？"

"不能，因为竹竿儿插在我的背里。如果你替我抽掉它，我将大大地感谢你了。"

多萝茜伸出两只手臂，把他举起来离开了竹竿，因为里面塞的是稻草，是十分轻的。

当稻草人站在地面上时，他说："多谢你，我觉得像一个新生的人了。"

听一个稻草人说话，看他鞠躬，还靠着自己的力量在旁边走动，实在是一件奇怪的事，多萝茜觉得十分惊异。❋

——节选自《绿野仙踪》第三章《救出了稻草人》

小布头奇遇记

孙幼军/著　沈培/插图
中国少年儿童出版社

这是中国第一部长篇低幼童话，曾经影响了几代的孩子。

孙幼军（1933—　），当代儿童文学作家，著有童话《小布头奇遇记》、《怪老头儿》等，曾获国际安徒生文学提名奖。

认识这本书

　　《小布头奇遇记》是中国第一部长篇低幼童话，也是中国第一部获国际安徒生文学奖提名的作品。曾经有一段时间，中央人民广播电台的"小喇叭"节目播放过这个故事的连载，每到播出时间，孩子们就搬着小板凳坐到收音机前收听"小布头"的故事。

　　书中讲述了一个名叫苹苹的小朋友，有一天得到一个布娃娃，取名小布头。小布头胆子很小，受到小朋友们的嘲笑后，决心做一个勇敢的孩子。但小布头不懂得什么是真正的勇敢。他"勇敢"地从酱油瓶上跳下来，打翻了苹苹的饭碗。苹苹批评小布头不爱惜粮食，小布头生气地从苹苹家逃了出来。在经历了种种奇遇后，小布头终于又回到了苹苹的身边。

　　小布头的故事共有39个，每一个故事都有一定的教育意义。作品语言纯熟幽默，人物形象活泼可爱，故事情节曲折动人，深受孩子们的欢迎。

精彩片段赏读

四只老鼠回到洞里，围着小布头，坐成一圈儿。

小布头仰面朝天躺在中间。他身上脸上的米汤都干了，好像蒙上了一层硬壳，倒真的像一块点心啦！

鼠老大说："现在，喳喳，我们就来吃这块点心。"

老二、老三、老四一听，就要往"点心"上扑。（动作描写，写出了老鼠们的贪婪和动作之快。）

"喳喳！"鼠老大大喝一声，"不许动！"

老二、老三、老四吓得不敢动了。

"喳……喳喳喳喳！"鼠老大大笑起来，"没什么，喳喳，没什么。大家先不忙吃。今天是大喜的日子：第一，咱们弄到了一块点心；第二，喳喳，这个第二，老五一出洞就不见回来，咱们从此少了一张嘴。咱们应该庆贺庆贺，每人作一首诗，喳喳，说说自己的本事。看谁的本事大，诗又作得快，喳喳，到分点心的时候，就可以……喳喳，就可以……"（反复，频繁使用"喳喳"这个拟声词，再现了老鼠的说话特点，也增加了故事的音响效果。）

鼠老二恭恭敬敬地说："吱吱，就可以多给他。"

"对，喳喳，就可以都给他。大家都同意吧？喳喳！那好，现在就开始。我先作！"鼠老大说完，马上念道：

鼠老大，顶呱呱，

人人见我都害怕！

洞里大权都归我，

世界之上我称霸！

鼠老大怎么作得这样快呀？原来，这是他过生日那天，鼠老二献给他的祝寿诗。鼠老大把诗里边的"你"都改成了"我"，就成啦！

鼠老二心里在笑，可是嘴上说："简直是杰作！太感动人啦，把我感动得都要流下眼泪来啦！吱吱，简直是杰作！"（对比，表里不一，鼠老

二拍马屁的功夫真是了得！）

鼠老大很得意。他看见老三、老四在一旁发呆，就生起气来："喳喳，你们怎么啦？都变成哑巴了吗？"

鼠老三正在那里编自己的诗呢，憋得脑袋都晕了。（夸张，形象地表现了鼠老三的愚蠢。）他好像听见鼠老二讲什么茄子，就赶紧说："对，兹兹，真是个茄子！"（"茄子"？令读者有些摸不着头脑，设置悬念。）

鼠老四也没头没脑接上去说："对极了！唧唧，一定是个紫茄子！"（表现了鼠老四的自以为是。）

"胡说！"鼠老大气得直喊，"是杰作，不是茄子。更不是紫茄子！老三，喳喳，给我咬老四的脖子！"（照应上文，解开谜团。老三、老四把"杰作"听成了"紫茄子"，实在是好笑，这也是对狂妄自大的鼠老大的绝妙讽刺。）

鼠老三冲上去，狠狠地咬了鼠老四一口，咬得鼠老四"唧——"一声大叫。❋

——节选自《小布头奇遇记》第十九章，原题为《一笔挺难算的账》

金银岛

[英国]罗伯特·路易斯·史蒂文森/著　米罗·温特/插图

佟　静/译

中国少年儿童出版社

> 如果说中国的孩子是看着《西游记》长大的，那么美国的孩子就是看着《金银岛》长大的，《金银岛》可算是有史以来最好看的海盗小说。

罗伯特·路易斯·斯蒂文森（Robert Louis Stevenson, 1850—1894），19世纪英国小说家、诗人。他出生在苏格兰一个工程师家庭，自幼体弱多病，童年的大部分时光都是在病床上度过的。多病的身体迫使他不断选择气候适宜的居住地，他先是去了夏威夷，不久又南迁。狂风，暗礁，断裂的桅杆，满怀敌意的小岛，这都是他游历的组成部分。1883年，他关于探险故事的经典小说——《金银岛》一经发表，就被誉为"儿童冒险故事的最佳作品"。另外，他著有诗集《一个孩子的诗园》，被奉为儿童学习语言的"最优美的启蒙教材"。

认识这本书

　　《金银岛》开创了以发掘宝藏为题材的文学作品的先河。据说，故事源于史蒂文森偶然看到一张海岛图而触发的灵感。

　　故事中的少年吉姆无意中得到了一张海盗的藏宝图，并组织了一支探险队前往藏宝的金银岛。想不到一伙海盗也混入了探宝队。于是探宝的和劫宝的在荒岛上展开了一场恶斗。几经艰险，吉姆和他的伙伴们打败海盗，成功取得宝藏。

　　小说的名字是《金银岛》（或译为《宝岛》），但作者真正寻找的是另一种财富——人性的爱与正义感。西尔因为走上罪恶之路，最终遭到了人们的唾弃。对岛中人本·葛恩，作者虽然着墨不多，但这位因迷恋钱财而被放逐孤岛，"似熊，似猴，黑乎乎，毛茸茸的怪物"的遭遇似乎是在提醒人们一味追求金钱的潜在灾难。

精彩片段赏读

　　从陡峭而多石的这一侧的小丘上头，扑簌簌地掉下来一堆沙砾，穿过树木纷纷落下来。我的眼睛本能地向那个方向转去，我看到有一个身影飞快地向松树树干后面跳去。它究竟为何物，是熊、是人，还是猿猴？我怎么也说不上来。它看上去黑糊糊、毛茸茸的；更多的我就不知道了。（设下悬念，吸引着读者向下探究。）但是这个新出现的吓人的东西使我停了下来。

　　现在看来，我是腹背受敌，在我身后是杀人凶手，在我前面是这个隐蔽的怪物。我立刻意识到，与其遭遇未知的危险，还不如去面对已知的危险。同树林里这个活物比起来，西尔弗他本人也不那么可怕了，于是我转过身去，一边敏锐地关注着我的身后，开始向筏子停泊的地方折回我的脚步。

　　那个身影立刻又出现了，并且绕了一个大弯，开始拦住了我的路。不管怎么说，我累了，但是我也看得出，即使我像刚动身时那样精力充沛，对我来说，与这样一个对手比速度也是徒劳的。这个家伙像头鹿似的在树干之间跳跃，像人似的用两条腿跑，但和我见过的任何人都不同，当它跑时，身子弯得头几乎要触着地。然而它确实是个人，对此我已不再怀疑了。（比拟，像鹿，也像人，神秘身影的真实身份已逐渐清晰，但还不能完全确认，悬念继续。）

　　我开始回想起我听说过的食人番来。我差一点就要喊救命了。但他毕竟是个人，虽然是个野人，这一点多少使我安心些。同时，我对西尔弗的恐惧重又复活了。因此，我便站住了，想着如何逃跑；当我正这么想着的时候，我蓦地想起我还有支手铳。一想到我并非毫无抵抗能力，我心中又重新生出了勇气，于是我决心面对这个岛上的人，迈着轻快的步子向他走去。（"我"既有恐惧，又有勇气，心理描写生动且真实可信。）❋

——节选自《金银岛》第十五章《岛上的人》

好兵帅克历险记

[捷克斯洛伐克] 哈谢克/著　约瑟夫·拉达/图

星　灿/译

人民文学出版社

> "好兵帅克"以"大智若愚，反抗暴政"的形象成为捷克民族的象征。

哈谢克（1883—1923），捷克斯洛伐克优秀的讽刺小说作家。出生于布拉格一个中学教员家庭，少年丧父后，他不得不辍学去打工，因为没有稳定的职业，他干脆徒步四处旅行。从14岁开始，他经常参加各种游行和集会，总爱给警察添麻烦。被警察抓住后，他就装疯，直到被送进疯人院。成年后，哈谢克开始了写作生涯，创作了上千篇短篇小说和各类小品文章，一方面为了谋生，另一方面也是在讽刺嘲弄社会上的一切丑恶现象。

认识这本书

据说在1911年，在帝国大选时，哈谢克非常有创意地组织了一个"在法律许可范围内的微小进步党"，借竞选的名义，打着效忠皇帝的旗号到处演说，十分痛快地嘲讽了当局。这次开心的经历促使了"帅克"的诞生。

本书以第一次世界大战为背景，讲述了好兵帅克从应征入伍到开赴前线的一段经历，帅克是黑市上的狗贩子，专门替七丑八怪的杂种狗伪造纯正血统证书。他本来是一名捷克士兵，被军医审查委员会最终宣布为白痴后退伍。作为捷克民族一员的帅克，表面上唯唯诺诺，实则内心充满了无限的鄙夷和憎恨，由此他采用了种种令人哭笑不得的方式与反动统治者进行顽强的抵抗。

纵观全书，作者以笑骂的笔锋对这个外强中干的帝国进行了尤情地揭露与控诉，它使当局者怒目切齿，同时也能令善良的人们会心一笑。

精彩片段赏读

弗里德里希·克劳斯·冯·齐勒古特上校是个惊人的蠢货。齐勒古特本是扎尔茨堡（在奥地利境内）附近的一个村庄的名字。早在十八世纪，他的祖先在那里靠掠夺营生。克劳斯上校讲到再寻常不过的事物时，总要问问大家是否听懂了他的话，虽然他讲的是谁都明白的最好懂的东西。比如："瞧这，这是窗户，诸位，你知道什么叫窗户吗？"

又比如："夹在两道沟之间的路叫做公路。嗯，诸位，你们知道什么是沟吗？沟就是由较多的土人挖出来的一条凹而深的渠道。嗯，沟是用锄头挖的。你们知道锄头是什么吗？"（语言描写，充分表现了克劳斯上校的愚蠢和自以为是。）

他有一种酷爱作解释工作的癖好，作起解释来的那股兴奋劲头，如同发明家讲起自己的发明创造一样动情。

"诸位，书本就是由裁成各种形式上面印了字的长方形纸片汇集一起，装订粘合而成的。各种书的大小开本是不一样的。嗯，诸位，你们知道粘胶是什么吗？粘胶就是胶。"

上校愚蠢到了极点。军官们不得不躲得离他远远的，免得他唠叨什么人行道即是步行道与车行道划分开来，以及人行道是沿着房子正面所筑的高出路面的一长条石路，而房子正面就是我们从街上或人行道上所看见的那一面。我们不能从人行道上看到房子的后面，这一点我们只要走到车行道上就可以得到证明。（侧面描写，嘲笑上校的愚蠢透顶。）

他马上兴致勃勃地就这件趣事对人们进行当场表演，差点儿被车子压着。从此他蠢得更厉害了。他常常把军官们拦住，无休无止地对他们谈着诸如摊鸡蛋、太阳、温度计、油炸馅儿饼、窗户和邮票之类的事情。

令人吃惊的是，这样的蠢货竟能一步登天，飞黄腾达，受到有权势的

大人物，比如军长、将军的庇护，尽管上校在军事上表现出绝顶的无能。

（对比，上校的愚蠢与飞黄腾达形成鲜明的对比，作者利用人物的自身局限实现了讽刺效果。）❋

——节选自《好兵帅克历险记》第十五章《大祸临头》

汤姆·索亚历险记

[美国] 马克·吐温/著

成　时/译

人民文学出版社

> 这是最伟大的儿童文学作品之一，也是一首美国"黄金时代"的田园牧歌。

　　马克·吐温（Mark Twain, 1835—1910），世界著名的短篇小说大师，原名塞缪尔·朗赫恩·克莱门斯。说起这个笔名，还有些来历，它的含义是水深十二英尺，轮船可以安全通过，马克·吐温曾当过水手，为了纪念那段美好的海上时光，他便取了这个如此有趣而深情的笔名。

　　马克·吐温出身贫寒，很小就给别人当学徒。丰富的人生阅历为他提供了丰富的写作素材，为他成为美国著名作家奠定了坚实的基础，其代表作有《镀金时代》、《汤姆·索亚历险记》、《竞选州长》、《百万英镑》等。

认识这本书

　　《汤姆·索亚历险记》是一部现实与浪漫糅合得非常紧密的作品，它一方面描述了黑暗、丑陋的社会，另一方面又描述了汤姆和他的伙伴们在荒岛上度过的许多快乐时光，这里是一个幸福而美好的诗意般的世界。

　　故事发生在19世纪上半叶密西西比河畔的一个普通小镇上。小顽童汤姆·索亚厌恶枯燥的功课和刻板庸俗的生活环境，他古灵精怪，喜欢调皮捣蛋，经常打架逃学、出风头、谈恋爱，梦想着过海盗式的刺激、冒险生活。他和镇上一个特立独行的流浪儿哈克贝利·费恩结成了好朋友。他们在一次意外中目击了一桩杀人命案，并最终战胜了恐惧和自私，勇敢地站出来揭发了凶残的犯罪人，保护了无辜遭殃的镇民们。在这一过程中，他们凭自己的聪明机智破解了强盗们的藏宝之谜，找到了宝藏，赢得了小镇居民的赞赏与敬佩。

精彩片段赏读

　　在圣彼得堡镇下游三英里的地方，密西西比河宽约一英里多，那儿有个狭长的、林木丛生的小岛。岛前有块很浅的沙滩，这地方是块秘密碰头的风水宝地。岛上荒无人烟，离对岸很近，紧挨着河岸还有片茂林，人迹罕至。于是他们相中了这个杰克逊岛。至于当海盗后，该打劫谁，他们倒一点也没动脑子。接着，他们找到了哈克贝利·费恩，他马上就入了伙，因为对他来说，<u>随遇而安</u>惯了，（成语，言简意赅。）他反正是无所谓。不久，他们便分了手，约好在他们最喜欢的时刻——半夜，在镇子上游两英里远的河岸上一个僻静处碰头。那儿有只小木筏，他们打算据为己有。每个人都要带上钓鱼的钩子和线，以及各自用秘密招数——也就是照强盗们那样子偷来物什，并以此来装备自己。天刚擦黑，他们就已经在镇子里扬出话来，说人们很快就将"听到重大新闻"，如此这般以后，他们自是得意不已。凡是得到这种暗示的人，都被——关照"别吭声，等着瞧"。（这段描写表现了孩子们渴望冒险的精神，模仿海盗的细节显得稚气可爱，充满幽默感。）

　　夜半光景，汤姆带着一只熟火腿和几件小东西赶来了。他站在一个小悬崖上的一片又密又矮的树林里，从悬崖往下望就能瞧见他们约好的碰头处。这是个星光灿烂的夜晚，四周一片寂静。宽阔的河流海洋般静卧着。汤姆侧耳听了会儿，没有什么声音来搅扰这一片宁静。（环境描写，为孩子们的冒险游戏制造了惊险气氛。）于是他就吹了声口哨，声音虽然低，可却清晰可辨。悬崖下立即有人回应。汤姆又吹了两声，也得到了同样的回应。<u>然后他听到一个警惕的声音问："来者何人？"</u>

　　"我乃西班牙海黑衣侠盗，汤姆·索亚。尔等何人？"

　　"赤手大盗哈克贝利·费恩，海上死神乔·哈帕。"

这两个头衔是汤姆从他最爱看的书里挑出来封给他俩的。（两个"海盗"接头的对话一本正经，像模像样，但却是从书里学来的，读来让人忍俊不禁。）✳

——节选自《汤姆·索亚历险记》第十三章，原题为《"海盗"扬帆，准备远航》

格列佛游记

[英国]乔纳森·斯威夫特/著

张 健/译

人民文学出版社

> 如果要我开一份书目，列出哪怕其他书都被毁坏时也要保留的六本书，我一定会把《格列佛游记》列入其中。
>
> ——英国著名作家 乔治·奥威尔

乔纳森·斯威夫特（Jonathan Swift，1667—1745），英国著名讽刺作家。他出生在爱尔兰，毕生都在为爱尔兰的独立和自由摇旗呐喊，经常撰文抨击屈从于英国的爱尔兰政府。英国首相和女王都非常忌惮他的文笔，为避免麻烦，女王干脆把他哄出了伦敦。他的文章幽默风趣，善于讽刺，最著名的作品就是寓言小说《格列佛游记》。

认识这本书

　　《格列佛游记》是英国文学史上最优秀的讽刺小说之一，它的问世震惊了当时的英国社会，出版后一周，所有存书竟被抢购一空。时隔几百年，它的足迹早已遍及世界。

　　全书共分四卷，讲述主人公格列佛医生的几次航海历险。格列佛漂流到利立浦特（小人国）、布罗卜丁奈格（大人国）、勒皮他、巴尔尼巴比、拉格奈格、格勒大锥、慧国等幻想国度。格列佛在这些历险中，进行了不断反思。

　　作者用虚构的手法，夸张、对比、反语的修辞，幽默讽刺的语言，刻画了当时的英国现实。作品的故事情节与英国现实紧密结合，用象征影射，将讽刺的矛头直指英国统治阶级的腐败和罪恶。

精彩片段赏读

　　我曾饶有兴致地看到一位厨师在给一只不及普通苍蝇大小的百灵鸟梳理羽毛，（小人国的百灵鸟还没有人类社会的苍蝇大，这种对比形象直观，给人以深刻印象。）也曾看到一位年轻的姑娘，手拿细得看不见的丝线在穿一枚小得看不见的针。虽然他们对近处的事物能看得非常清楚，但是却看不太远，这可真是自然的造化。

　　如前所说，利立浦特小人国的学术已相当发达，但是他们的书法却很特别。它既不像欧洲人从左到右，又不像阿拉伯人从右到左，也不像中国人那样自上而下。那他们是怎么写的呢？他们是从纸的一角斜写到另一角，和咱们英国太太、小姐的脾气一样，非常地古怪，哈哈！（作者由书写方式联想到英国太太、小姐古怪的脾气，并顺手嘲弄一番，作者的想象力和幽默才能着实让人佩服。）

　　除了特殊的书写方式外，他们的安葬方式也很奇怪。他们埋葬死人时是把头直接朝向地下，倒立着下葬的，怎么样？吓了一跳吧？（这种时刻不忘和读者交流的文风，让人读起来感觉亲切生动。）

　　这是因为他们相当迷信，认为再过一万一千个月之后，死人全都会复活。到那时，他们眼里扁平的地球会上下颠倒，那么他们复活时，就可以安安稳稳地站在地上了。

　　当然，他们中有见识的人也都承认这种说法荒诞不经，但为了沿袭世俗的习惯，这种做法仍在沿用。

　　这儿的法律有不少特别之处。比方说，他们认为欺诈比偷窃更严重，在这里，欺诈的人没有不被处死的。因为在他们看来，一个人只要万事谨慎，再稍微懂一点基本的防窃常识，东西就不会被偷；但是一个善良的人可无法防范老奸巨滑的人有意的欺骗。

　　我是如何获知这条法律的呢？（设问，承上启下。）

　　记得有一次，国王判处一个骗走主人巨款的伙计死刑。那伙计奉主人之命去收款之后，竟然见钱眼开，携款潜逃。我觉得有些不可思议，就

试着为犯人求情："国王陛下，能否减轻对他的量刑，到底他只是失信于他的主人而已。"

"失信？真是荒谬至极，巨人山，你替犯人辩护，怎么能以最能加重其罪名的事为理由呢？"（反问句，加强语气。）✹

——节选自《格列佛游记》第一卷《小人国历险记》第五章，原题为《小人国奇闻》

动物故事

柳林间的风

[英国] 肯尼迪·格雷厄姆/著

任溶溶/译

上海译文出版社

> 阅读《柳林风声》让人感到一种深沉的愉悦，让心灵在无尽的幻想中获得自由，他把我们带到了政治的梦土……
>
> ——评论家　弗兰克·斯文纳顿

　　肯尼思·格雷厄姆（Kenneth Grahame，1859—1932），英国著名儿童文学作家。出生于苏格兰一个旧式家庭。5岁丧母，而父亲是一个酒鬼，他和兄弟姐妹被亲戚收养在乡间。中学毕业后，为了谋生，他不得不成为一名银行职员。因为酷爱文学，他经常利用晚上和假期进行写作。同时，他也十分喜爱自然，这为他进行以小动物为题材的创作奠定了基础。

认识这本书

　　《柳林间的风》（也译作《柳林风声》）被誉为英国散文体的典范、英文世界里最伟大的儿童文学作品。该书一经问世便大受欢迎，甚至引起了美国总统老罗斯福的注意，他写信告诉作者，自己把《柳林风声》一口气读了三遍。

　　格雷厄姆在儿子6岁时，他给儿子讲了一个会说人话的动物的故事，里面有忠诚的鼹鼠、快乐的河鼠、充满智慧的獾，还有一只非常疯狂、冒失可爱的癞蛤蟆。这四个动物朋友的历险故事让小男孩着迷不已，嚷着不肯去夏令营，他只好答应儿子用写信的方式继续讲故事，这些信件就成了《柳林风声》。

书中不仅讲述了动物主角们随着季节起伏的生活故事，而且还生动再现了萦绕在柳林中的友谊与温情。那些个性鲜明的小动物就像是现实世界中孩子的缩影，打动了一代又一代的儿童，并在他们心头常驻。

精彩片段赏读

獾穿着一件长长的晨衣，脚上趿的拖鞋果然十分破旧。他爪子里擎着一个扁平的烛台，大概在他们敲门时，他正要回卧室睡觉。他亲切地低头看着他们，拍拍他俩的脑袋。"这样的夜晚，不是小动物们该出门的时候，"他慈爱地说，"鼠儿，恐怕你又在玩什么鬼把戏了吧。跟我来，上厨房。那儿有一炉好火，还有晚餐，应有尽有。"（通过动作和语言描写，表现了獾的热情、善良和好客。）

獾举着蜡烛，趿着拖鞋地走在前面，他俩紧随在后，互相会心地触触胳膊肘，表示有好事将临，走进了一条长长的幽暗的破败不堪的过道，来到一间中央大厅模样的房间。从这里可以看到另一些隧道，似树枝状分岔出去，显得幽深神秘，望不到尽头。不过大厅里也有许多门——厚重的橡木门，看起来很安逸。獾推开了其中的一扇门，霎时间，他们发现自己来到了一间炉火通红、暖意融融的大厨房。

地板是红砖铺的，已经踩得很旧了，宽大的壁炉里燃着木柴，两个很可爱的炉深深固定在墙里，冷风绝不会倒刮进来。壁炉两边，面对面摆着一对高背长凳，是专为喜好围炉长谈的客人准备的。厨房正中，立着一张架在支架上不曾上漆的木板长桌，两边摆着长凳。餐桌的一端，一张扶手椅已推回原位，桌上还摊着獾先生吃剩的晚餐，饭菜平常，但很丰盛。厨房的一端，柜橱上摆着一摞摞一尘不染的盘碟，冲人眨着眼；头上的橡子上面，吊挂着一只只火腿，一捆捆干菜，一兜兜葱头，一筐筐鸡蛋。（厨房的环境和物件陈设描写多而不乱，层次分明，细致周详。）这地方，很适合凯旋归来的英雄们欢聚饮宴；疲劳的庄稼汉好几十人围坐桌旁，开怀

畅饮，放声高歌，来欢庆丰收；而富有雅兴的二三好友也可以随便坐坐，舒心惬意地吃喝、抽烟、聊天。赭红的砖地，朝着烟雾缭绕的天花板微笑；使用太久磨得锃亮的橡木长凳，愉快地互相对视；食橱上的盘碟，冲着碗架上的锅盆咧嘴大笑；而那炉欢畅的柴火，闪烁跳跃，把自己的光一视同仁地照亮了屋里所有的东西。（排比修辞和拟人化手法的运用，使厨房里的一切显得生机盎然，充满活力。）✿

——节选自《柳林间的风》第四章，原题为《獾先生》

时代广场的蟋蟀

[美国]塞尔登/著　伽斯·威廉斯/图

傅湘雯/译

中国少年儿童出版社

> 任何读过这本书的人，无论孩子还是成人，都会永远记得那只叫做柴斯特的蟋蟀，记住那嘹亮而韵律无穷的鸣叫。
>
> ——《旧金山纪事报》

乔治·塞尔登（George Selden，1929—1989），美国现代作家，原名乔治·塞尔登·汤普森。自耶鲁大学毕业后，他本有意朝剧本写作的方向发展，但却在朋友的鼓励下走上儿童小说的创作道路。他的第一本书出版于1956年，不过并没有引起很多人的注意。真正使他一炮走红而且终身受惠的，是他的《时代广场的蟋蟀》。

认识这本书

《时代广场的蟋蟀》是一部充满友爱与温情的经典之作，1961年获得纽伯瑞儿童文学奖银奖。

书中的主人公是一只来自康州乡下的蟋蟀柴斯特，它简直是个音乐天才。它拖着仅有的几件行李来到纽约时，幸运地遇到了聪明又略带市侩的塔克老鼠和忠诚、憨厚的亨利猫，还遇到了爱它的主人——马里奥。柴斯特用绝妙的音乐天赋回报了朋友们的真诚友情，同时成了震惊纽约的演奏家！然而功成名就后，他却满心失落，思念起乡下自由自在的生活来。在朋友们的帮助下，它最终回到了深爱的故乡。

在这部感人至深的童话中，塞尔登成功地运用了两条线索来讲述故事——蟋蟀在动物世界里的童话生活和马里奥的现实生活，他用音乐将其融为一体，让我们在欣赏童话的同时也能体味到人世的辛酸与快乐。

精彩片段赏读

马里奥敲敲玻璃，说话的声音停止了。他又敲了一次，敲得更响。店里面的门打开了，方赛走进店，在朦胧的光线中眯起眼睛望着。他看到马里奥后，下巴松弛下来，说："啊！是小蟋蟀孩子。"他打开了店门。

"您好，方先生，"马里奥说，"我本不想来打扰您，可是我有一个和蟋蟀有关的问题。"

"请进，请进，"方赛随手把门关上，说，"我有个老朋友在这儿——蟋蟀的事情，他都知道。"

他把马里奥领进第二间房，那是一间厨房。黑色的铸铁炉子上有六口锅子冒着热气，锅里扑腾扑腾响着。桌上摆着彩绘精美的瓷盘。<u>盘上面的绅士淑女身着长袍，色彩鲜艳，在小桥上缓步徐行，桥下潮水如镜，蓝湛湛的。</u>（盘子上的彩绘，有人物、有风景，有动又有静，描写简洁而生动，富有中国情调。）盘子旁边，摆着两双分别用纸包着的筷子。

一位年纪很老的中国先生坐在窗户旁的一把摇椅上，稀疏的灰白胡须从他的下巴上飘拂。<u>他身穿红色与金色交错的长袍，</u>（细节描写，抓住了胡须和长袍这两个特点。）就像瓷盘上的画中人一样。当马里奥走进房间的时候，这位老人慢慢站起，两手交叠，弯腰鞠躬。马里奥以前从来没有遇到过一位向他鞠躬的中国老先生，不知道怎么办才好。不过，他想最好也向对方鞠躬。接着，那位老先生又鞠了一躬，马里奥也再一次鞠躬。

要不是方赛对他的朋友说了一句中国话，马里奥和那位老先生整个夜晚也许会一直不断地鞠着躬呢。那句中国话听起来好像是这样——"zhe shi you xi shuai de er tong"，意思是说："这是有蟋蟀的儿童。"这时，马里奥和柴斯特偷偷地互相对望了一眼，但是他俩都不懂中国话。

然而，那位老人却非常激动。他从蟋蟀笼的栅条中望过去，快活地叫喊起来。然后，他挺直身子，再低低地弯下腰，非常庄重地鞠了一躬。

柴斯特也向老人鞠躬，同时发出一声最有礼貌的叫声。这使得老人高兴极了，他和方赛开始又说又笑。那声音就好像几百双筷子敲出愉快的嘀嗒嘀嗒的响声。（比喻形象，便于读者理解感知。）❋

——节选自《时代广场的蟋蟀》第九章《一顿中国饭》

夏洛的网

[美国] 埃尔温·布鲁克斯·怀特/著　　伽斯·威廉斯/图
任溶溶/译
上海译文出版社

> 这是一本关于友谊的书，更是一本关于爱和保护、冒险与奇迹、生命和死亡、信任与背叛、快乐与痛苦的书，它几乎是一本完美的、不可思议的杰作。
>
> ——Eudora Welty，《纽约时报书评》

埃尔温·布鲁克斯·怀特（Elwyn Brooks White，1899—1985），美国作家。有趣的是，他生前的声誉主要得益于散文创作；而令他传世不朽的，却是他抽空写给孩子们的三本童话：《小老鼠斯图加特》（又译为《精灵鼠小弟》）、《夏洛的网》和《吹小号的天鹅》。

怀特的童年非常幸福。作为一个地道的纽约人，他一生的大部分时间却居住在农庄里。他说在那里，动物们能给他更好的灵感，而且望向窗外就能看见大海和山林。

认识这本书

《夏洛的网》初版于1952年，至今已有二十多种译文，发行近千万册。

在朱克曼家的谷仓里，快乐地生活着一群动物，其中小猪威尔伯和蜘蛛夏洛建立了最真挚的友谊。然而，一个可怕的消息打破了谷仓的平静，威尔伯未来的命运竟是成为熏肉火腿。就在威尔伯陷入绝望的时候，看似渺小的夏洛却说："我救你。"于是，夏洛用自己的丝在猪栏上织出了被人类视为奇迹的网上文字，彻底逆转了威尔伯的命运。但这时，蜘蛛夏洛的生命也走到了尽头……

这是一个善良的弱者之间相互扶持的故事。除了爱、友谊之外，在这篇极抒情的童话里，还有一份对生命本身的赞美与眷恋。作者怀特用柔韧无比的蜘蛛丝编织了一张理想的、温暖的、美丽的、爱的大网，感动着世界上无数的读者。

精彩片段赏读

　　"我觉得你真的很漂亮。"威尔伯说。

　　"谢谢，我是很漂亮，"夏洛回答，"那是毫无疑问的。几乎所有的蜘蛛都长得相当好看。我不像别的蜘蛛那么艳丽，不过我也算可以了。我希望能看清你，威尔伯，就像你能看清我一样。"

　　"你为什么看不清我？"小猪问，"我就在这儿呀。"

　　"是的，不过我近视，"夏洛回答，"我的近视十分严重。这对我既有好处，也有坏处。你看我来抓住这只苍蝇。"

　　一只刚才在威尔伯的食槽边上爬的苍蝇飞了起来，却愚蠢地碰上了夏洛的网，被那些黏黏的丝线缠住了。<u>苍蝇愤怒地拍打着翅膀，想要挣脱。</u>（用"愤怒"来表现苍蝇触网后的反应，形象而生动。）

　　"首先，"夏洛说，"我要悄悄靠近他。"她慢慢地头朝下往苍蝇那里爬去。在她往下荡的时候，一根细丝线从她的尾部抽了出来。

　　"接着，我要把他包起来。"她抓住苍蝇，往他身上缠了几道黑丝线，丝线越绕越密，直到裹得苍蝇一动也不能动。<u>威尔伯惊恐地看着这一切。他几乎不敢相信他所看到的场面，尽管他也憎恨苍蝇，可还是为这只苍蝇感到难过。</u>（神态描写，表现威尔伯的善良。）

　　"看，"夏洛说，"现在我要把他弄晕，他就会觉得舒服点儿了。"她咬了苍蝇一口。"他现在毫无知觉了，"她说，"他将是我的一顿美味的早餐。"

　　"你是说你吃苍蝇？"威尔伯喘了起来。

　　"当然。苍蝇、小虫子、蚱蜢，漂亮的甲虫，飞蛾，蝴蝶，可口的蟑螂，蚊子，小咬儿，长脚蚊子，麻蚊子，蟋蟀……任何不小心地撞到<u>我网上的小昆虫我都吃。我总得吃饭吧，是不是？</u>"（反问句，加强了肯定。）

　　"为什么？哦，是的，当然。"威尔伯说，"他们的味道美吗？"

　　"美妙极了。当然，我不是真的吃掉他们。我喝他们——喝他们的

血。我喜欢喝血……"夏洛说。她的声音听起来越来越清脆，越来越快活了。

"别再说下去了！"威尔伯呻吟，"请不要讲这件事儿了！"

"为什么不？真的，我说的是真的。虽然我也不愿意吃苍蝇和小虫子，但那是我的生存方式。一只蜘蛛必须要设法谋生，而我恰巧可以做一名捕猎者。我生来就会织网，用它来捕食苍蝇和别的昆虫。在我之前，我的妈妈是一个捕猎者；在她之前，她的妈妈也是。我们全家都是捕猎者。千百万年以前，我们蜘蛛就靠捕食苍蝇和虫子为生了。"

——节选自《夏洛的网》第五章《夏洛》

青 鸟

[比利时]莫里斯·梅特林克/著　乔治特·莱勃伦克/改编
米　尔/译
中国妇女出版社

> 作品有时以童话的形式显示出一种深邃的灵感，同时又以一种神妙的手法打动读者的感情，激发读者的想象。
>
> ——1911年度诺贝尔文学奖的获奖辞

　　莫里斯·梅特林克（Maurice Maeterlinck, 1862—1949），比利时著名剧作家、诗人。他从小就爱好文学。1887年，他来到巴黎上学，开始对写作产生兴趣。不久他的父亲去世，于是他又回到比利时，以后就很少离开自己的祖国。他正式从事写作时，并不为人们所注意，可是由于他那丰富的想象力和惊人的创造能力，不久便被誉为"比利时的莎士比亚"。由于《花的智慧》这部作品，他在1911年获得了诺贝尔文学奖。

认识这本书

　　《青鸟》最初是一部童话剧。后来，莫里斯·梅特林克的妻子乔治特·莱勃伦克将其改编为童话，成为世界十大著名童话之一。

　　《青鸟》讲述的是伐木工人家的孩子迪迪和麦迪为救邻家女孩，受蓓丽吕娜仙女委托，去寻找象征着幸福的青鸟的故事。他们在平安夜出发，穿越回忆国、夜神殿、享乐宫、森林、墓地，到达未来王国……却始终没有找到青鸟。最后他们失望地回到家里，迪迪却惊喜地发现自己视为珍宝的斑鸠竟然变成了一只青色的鸟，而收到斑鸠的邻家女孩居然神奇地病愈了……兄妹俩瞬间明白了幸福的真谛。

　　作品中的青鸟包含着几层象征意义，它是独一无二的人类幸福的体现者，它又包含着大自然的奥秘。故事以寻找青鸟为线索来展开故事，反映了作者对穷人生活的同情、对现实和未来的乐观憧憬。

精彩片段赏读

平安夜，在一幢伐木人的小木屋里，壁炉残留下的炭火闪烁着玫瑰色的光芒。木屋里的一切都笼罩在这种温馨的光芒中，显得温暖宜人。迪迪、麦迪——迪迪的妹妹，以及他们的父母就在这小木屋里快乐地生活着。

男孩迪迪今年十岁了，长得很结实，虽然总是顶着一头乱蓬蓬的卷发，但他那双炯炯有神的大眼睛、天生的笑脸，特别是他那温顺的脾气会让你不由自主地喜欢上他。不仅如此，而且迪迪浑身都是勇气，总是一大早跟着爸爸迪诺去树林里，看爸爸砍伐木材。要知道，在树林里蹦蹦跳跳地追蝴蝶、摘浆果是他最喜欢做的事情了。

麦迪才刚满六岁，她皮肤雪白、生性敏感，一双蓝蓝的大眼睛总是流露出羞怯的神情。她温柔体贴，充满爱心，特别喜欢自己的哥哥。（作者用简洁优美的语言刻画了迪迪和妹妹麦迪的外貌和性格特点，生动传神。）因此，除了帮妈妈做家务外，她总是跟在哥哥身后，形影不离。

小木屋对面是一幢有钱人家的豪华大房子。迪迪和麦迪总是能透过自家的窗户，清清楚楚地看见大房子里灯火通明的客厅和餐厅，以及孩子们在庭院、暖房里玩耍的情形。相比之下，他们自己却十分忙碌，要到树林中干活，还要做家务，实在是没有时间像那些有钱人家的孩子一样玩耍。（通过和有钱人家的孩子做对比，突出了兄妹俩生活处境的艰苦。）

由于这些天风雪太大，爸爸一直没能出去干活，所以直到现在孩子们床头的长袜子里还是空荡荡的。一想到这，妈妈不禁难过起来。

晚上，妈妈将兄妹俩安顿好后，深情地吻了吻他们。孩子们很快就进入了梦乡，周围除了时钟的滴答声、狗的鼾声和猫的呼噜声外，一切都

静悄悄的。（以有声写无声，衬托夜晚的宁静。）突然，从百叶窗缝隙中透出的一丝亮光把孩子们惊醒了。他们揉揉眼睛，打着哈欠。

——节选自《青鸟》中《美妙的平安夜》

第七条猎狗

沈石溪/著
中国少年儿童出版社

> 一篇感人至深的忠诚猎狗的故事。

沈石溪（1952— ），原名沈一鸣，祖籍浙江慈溪。1969年他初中毕业时，正赶上知识青年上山下乡运动。沈石溪选择了去云南，因为云南是动物王国，而他非常想养一条真正的猎犬。那段知青生活，给这位来自城里的少年书生带来了一段非常难得的阅历，西双版纳的动物世界更是给了他无穷的写作灵感。

认识这本书

《第七条猎狗》是沈石溪的成名作。这篇短篇小说，展示了他非同寻常的讲故事的能力。

故事讲述的是老猎人召盘巴的第七条猎狗的故事。这第七条猎狗是军犬的后裔，"撵山快如风，狩猎猛如虎"。老猎人十分喜爱它，给它取名赤利，意思是会飞的宝刀。在一次狩猎中，老人遭遇野猪猛扑，命悬一线之际，赤利却躲在草窠里。老人狂怒之下，准备把它杀死，他哪里知道，那时赤利也正在与一条剧毒的眼镜蛇进行着无声的搏斗……

孙子艾苏苏怜惜赤利，把它放了。逃走的赤利在一次与豺狗群的战斗中，成了它们的首领。半年后，饥饿的豺狗群与正在放牧的召盘巴、艾苏苏相遇。老猎人眼看就要遭遇不测，这时，赤利赶来与豺狗群拼死厮杀，并在最后一刻用自己的生命保住了旧主人的性命。

精彩片段赏读

召盘巴望着死去的野猪，浑身像喝醉了酒一样软绵绵的，直冒虚汗。（比拟，使难以言表的感觉更加形象具体。）就在这时，赤利狂叫着，从草窠里钻出来，向卡在榕树气根缝隙里的死猪扑跃着，厮咬着。召盘巴从来没有感到这样恶心过，想不到猎狗也有怕死鬼和无赖。要不是火药葫芦倒空了，他当场就会打得它狗头开花……

召盘巴舞着木棍逼向赤利，它东躲西闪，流着泪呜呜求饶。

艾苏苏从三岁起就每天和赤利厮混在一起。赤利会为他在树林里找到野雉窝，捡到很多蛋；赤利会为他在和小伙伴打狗仗时争到冠军；赤利会在他捉迷藏时帮他轻而易举地找到"敌人"。（排比的修辞，表现了艾苏苏和赤利之间的亲密关系。为下文艾苏苏搭救赤利埋下了伏笔。）有一次，他到澜沧江里游泳，被一个漩涡卷住，眼看就要沉到江底，他高叫一声："赤利！"赤利便奋不顾身地从岸上跃入江心，游到他面前，他揪住狗尾巴才游上岸的。爷爷要打死赤利，艾苏苏伤心极了，也忍不住嘤嘤地哭起来。

召盘巴的怒火烧得更凶，抢起棍子没头没脑朝赤利砸来；赤利尽管躲闪灵敏，无奈脖子上系着野山藤，只能围着槟榔树打转，不一会儿身上便重重挨了两棍，疼得它龇牙咧嘴地怪叫起来。野山藤缠在槟榔树上，随着赤利打转而越缠越短，它终于紧紧贴在槟榔树干上不能动弹了。召盘巴瞅准这个机会，一个箭步冲上来，举起棍子对准赤利的鼻梁骨砸去。这时赤利如果纵身一跃，可以一口咬穿召盘巴的手腕，但它没有那样做，而是一偏脑袋，待木棍擦着耳朵落地时，一口咬住木棍不放。（赤利违背常情的举动表明了它对老猎人的忠诚。）

召盘巴攥住木棍拼命拖，赤利咬紧木棍拼命拉。不一会儿，召盘巴秃顶脑门上，布满了汗珠，累得气喘吁吁。他一发狠，丢下木棍骂道："你这条没有良心的畜生，我让你尝尝火药枪的滋味。"说着，颤巍巍地向竹楼走去。（老猎人准备取枪打死赤利，两者的矛盾冲突发展到高潮。但也为艾苏

苏搭救赤利创造了机会。）

赤利平时见过寨子里有人杀狗吃，也是把狗拴在树上，旁边支一口铁锅烧开水；它明白今天大祸临头了。它兽性大发，狂蹦乱跳，想挣断脖子上的野山藤。但野山藤比尼龙绳还坚韧，怎么也挣不断。它悲哀地呻吟着，求救的眼神射在艾苏苏的身上。（作者以感同身受的笔触描写赤利临死前强烈的求生欲，读来令人动容。）❋

——节选自《第七条猎狗》

西顿野生动物故事集

[加拿大] E.T.西顿/著
蒲隆/译
译林出版社

　　E.T.西顿（Ernest Thompson Seton，1860—1946），加拿大著名的社会学家、作家，被称为"动物文学之父"。西顿出生于苏格兰的一个名门望族，父亲老西顿是伦敦一个造船厂主，由于父亲生意上的失败，他们举家移民到加拿大多伦多附近开了一个农场，那一年小西顿只有6岁。老西顿是个糟糕的农场主，不过农场生活却给小西顿带来了快乐的童年。他在树林里搭建小树屋，在自然界中忘情地与动物们交朋友，这些都成为他创作的灵感之源。

认识这本书

　　作者用写实的第三人称手法，讲述了一群野生动物悲惨的一生。不论是狼王洛波，还是弱小的白尾兔，也不论是一匹特立独行的野马，还是泉原狐，它们不是我们以一种人的身份高高在上所看到的动物，而是在大自然的生存法则里，与我们人类有同等地位与生命尊严的生灵。这些野生动物以它们的方式在大自然里生存着，但当我们人类将手伸向它们时，悲剧就发生了。

　　书中一个个生动美丽的故事告诉人们，动物与人类一样，是尊贵的生物，动物的生命值得我们人类深深地敬畏和学习。

精彩片段赏读

随着夜晚的到来，小狐狸变得非常不安。他溜出箱子，但一受到点儿惊吓，就又拖着链子钻进去。有时他用前爪按住铁链狂怒地咬啮，但突然又停了下来，像是在听，然后仰起小小的黑鼻子发出一声短促颤抖的叫声。（动作描写，写出了被俘的小狐狸的惊慌害怕。）这样的情形重复了一两次，这当中他忙着摆弄那根链子并在四周跑来跑去。然而终于有了回应，老母狐从远处发出了"呀扑——吁呃"的呼唤。（拟声词，不仅准确地描摹了老狐狸的叫声，还隐隐传达出一个母亲对孩子的担忧。）几分钟后，一个黑影子出现在木头堆上。小家伙溜回到箱子里，但立刻又跑出来，用狐狸所能表达的全部快乐迎接他的母亲。（小狐狸前后动作形成对比，表现了他见到母亲后又惊又喜的心情。）母亲像闪电一样迅速叼起小狐狸转身向她来时的方向跑去。（比喻，生动地写出了老狐狸动作的敏捷、迅速。）但这时链子到了头，小狐狸被猛地从老狐狸的嘴里拽了出来。她被开窗子的声音吓了一跳，逃到木头堆上去了。

一小时后，小狐狸已经不再跑来跑去或叫唤了。（事态发生转折，引起读者好奇。）我偷偷向外看去，借着月光看到狐狸妈妈伸展身体躺在小狐狸身边，咬啮着什么。发出的当啷声告诉我，她咬的正是那根无情的铁链。而狄普这个小家伙正在吃母亲的奶。

我走出来时，她已逃进了黑暗的树林。但在箱子边上放着两只小田鼠，身上带着血迹，还是热的。这是慈爱的母亲给小狐狸送来的食物。第二天早晨，我发现挨着小家伙脖圈不到两英尺的地方，链子被蹭得锃亮。✸

——选自《西顿野生动物故事集》中《泉原狐》

小鹿斑比

[奥地利]费利克斯·萨尔腾/著

邹　绛/译

福建少年儿童出版社

《小鹿斑比》是一部充满爱与温馨、探求生命存在和意义的作品。这本书中始终贯穿着成长和教育这两个主题。书中的故事离我们每个人都很近。

——儿童文学翻译家　孙晓峰

　　费利克斯·萨尔腾（Fellx salten, 1869—1947），奥地利著名小说家、剧作家。他的一生经历复杂，因为是犹太人，1938年德国占领奥地利后，他便流亡美国，直到纳粹政权垮台，他才回到奥地利。

认识这本书

　　《小鹿斑比》叙述的是一头小鹿的成长故事。作者从小鹿斑比蹒跚学步讲起，讲述了它与森林里的伙伴们一起历经季节变换、生存磨难，在一点点了解外部世界的同时，心灵和情感也在不断地受到洗礼和冲击，对动物、大自然以及自己和屠杀动物们的人类进行着艰难的认识和思考。

　　小说用极其细腻的笔法，将动物世界里发生的一切描绘得栩栩如生。作者描写幼儿阶段的小鹿时，参照的是人类儿童的成长特征，骨子里就是在描写一个人类的幼儿，惟妙惟肖。

精彩片段赏读

一天早晨，灰色的天空中突然降下大雾。过了一会儿，浓雾在阳光的照耀下渐渐散去，那景色看上去显得十分美丽。斑比十分喜欢那将大地和草地染成一片银色的白霜。每当他夜晚穿过森林或白天躺在他那小屋里时，他总能听到树叶从树枝上沙沙地飘落的声音。眼下，这树叶从树梢和树枝上随风飘落的沙沙声更是不绝于耳。他想：要不了多久，地上便会盖满树叶，人们走在上面，便会发出刷刷刷的响声，听上去非常有趣。刷刷——刷刷，（象声词使用准确，给文章增加了音乐感。）这声音悦耳动听，简直美极了。再说，这声音对大家也是很有益的，因为这段日子里，人们用不着花多大力气便可察觉到附近的动静；只要有一点儿动静，树叶就会发出刷刷的声音，这样人们从很远就知道有情况了，或者有谁来了。

然而，没多久雨季来了，从清晨到夜晚，大雨日日夜夜哗哗地下个不停，连空气中似乎也弥漫着一股冷丝丝的水汽味儿，稍稍拨开灌木丛，如注的大雨便会扑面而来，打得眼睛都睁不开。那些树叶不再发出刷刷的响声，它们被雨水收拾得柔柔的和沉甸甸的，压根儿就无法出声了。（雨季景象，描写真实、生动。）这情景斑比有生以来还是头一回经历。这天气太恶劣了，浑身上下，成天成夜地被雨水淋得透湿。斑比虽然还不觉得寒冷，可是他渴望温暖。

当萧萧的北风吹来时，斑比才真正意识到寒冷。他没有办法，只能紧紧地偎依在母亲身边，一开始他那么躺着，还感到挺满意的，至少半个身子是暖和的。然而，森林里寒风整天整夜地呼啸着。树木也被刮得哗哗直响，他们在同这强大的攻势抗争。人们不时还可听到那树枝咔嚓嚓被折断的声音。听到粗大的树干哗啦啦倒塌的声音。到后来，就再也听不到这些树木断裂的声音，只听到狂风呼呼的号叫声。

现在斑比知道，痛苦和贫困已经到来。他亲眼看到，大雨和狂风是怎样让这个世界改变模样的。树和灌木上叶子已经荡然无存，它们就像被洗劫过似的赤身裸体地站在那儿，将它们那光秃秃的褐色的手臂无奈地伸向

空中。（拟人的手法赋予了树木灵性。）草地上的草都干枯了，变成了一片棕色。小屋子里现在也显得颓败不堪，看上去一片光溜溜的，风儿从四周的缝隙里呼呼地钻进来。❀

——节选自《小鹿斑比》第三章

再见了，可鲁

[日本]石黑谦吾、秋元良平/著
[日本]猿渡静子/译
南海出版社

21世纪"感动亚洲一亿人心"的超级畅销书。

石黑谦吾（1961— ），生于日本金泽市。曾任杂志编辑。

秋元良平（1955— ），毕业于东京农业大学畜牧系，曾任报社特约摄影记者，现为自由摄影家。出版过的作品有《成为导盲犬的可鲁》、《老人与狗》等。

认识这本书

这本书虽然措辞简单，也没有出奇的结构，却有着对互动的诚挚情感最真实的描写，一只不会说话的狗却用自己的一生向你诉说了忠诚、仁爱、信赖和永恒。看看可鲁的故事，能够帮你找回心中久违的感动。

2001年，整个日本被一只名叫可鲁的导盲犬所感动。它作为一只社会服务犬的一生被摄影师秋元良平拍摄了下来，从出生到死亡，秋元先生一直用镜头跟踪可鲁的生活，最终编辑成《再见了，可鲁》，此书在日本畅销200多万册。现已改编成感动亚洲一亿观众的电影《导盲犬小Q》。

精彩片段赏读

　　可鲁与渡边夫妻俩在一起的生活转眼就过去了两年。谁都没有预料到这般安稳、平静的日子也会有结束的一天。在渡边先生参加了一次导盲犬使用者俱乐部举办的登山活动、高高兴兴地返回的当天，突然说感觉有点儿不舒服，一副恶心、想吐的样子。

　　经过检查，发现渡边先生患上了非常严重的肾衰竭。

　　因为渡边先生住进了医院，可鲁只好再度回到导盲犬训练中心。为了等渡边先生一出院就可以以导盲犬的身份继续开始工作，可鲁只好一直在训练中心里待命。这种等待一等便是三年。

　　然而，渡边先生的身体状况依然没有恢复的迹象，反而越来越差。有一天，渡边先生仿佛想起了什么似的，对渡边太太要求说："我想去训练中心。"（在预感到自己的生命快走到尽头时，心中还惦念着可鲁，想见它一面，由此可见他们之间的深厚感情。）

　　被带出狗笼的可鲁，一看见渡边先生的身影，便慢慢地走近他。可能因为以往对导盲犬的训练，不允许它有一下子扑到渡边先生身上的冲动，也许它知道渡边先生的身体状况，可鲁只是十分平静地在渡边先生身边一边踱着步，一边不断摇着尾巴。（可鲁的表现是那样懂事、乖顺，真不愧为最通人性的动物。）

　　"小可，我们再一起去散散步吧。"

　　渡边先生凝视着可鲁的眼睛，说完，帮它戴上导盲鞍。可鲁紧紧地贴在渡边先生的身边，做好了准备引领的姿势，依然像以前一样。渡边先生不在身边的这三年，它一直一心一意地等待着这一刻的来临。

　　他们慢慢跨出第一步。两个久违了的身影慢慢向远处延伸。但这长达三年的对于再次搭档的盼望，只走了短短的30米就结束了。（长长的三年与短短的30米，这种时空的交错和相逢，使渡边先生与可鲁之间的感情进一步升华，让人十分感动。）

　　"好了，这样就够了！"

渡边先生满足地说着，然后亲手摘掉了可鲁身上的导盲鞍。这一情景发生在渡边先生去世前的一个星期。✳

——节选自《再见了，可鲁》第四章《导盲犬的生活》之《雨中离别》

科普科幻

昆虫记

[法国]法布尔/原著　　[韩国]高苏珊娜/编著
李明淑/译
北京科学技术出版社

这不仅是一部研究昆虫的科学巨著，同时也是一部讴歌生命的宏伟诗篇。

　　法布尔（1823—1915），法国散文作家、昆虫学家。他从小就对乡间的花草和虫鸟非常感兴趣，因课余阅读一本昆虫学著作而萌生了要毕生研究昆虫的伟大志向。1879年3月，法布尔在小乡村塞里尼昂附近购得一处坐落在荒地上的老旧民宅，取名荒石园。此后，经过三十多年的勤奋研究，他终于撰写出十卷本科学巨著——《昆虫记》。

认识这本书

　　《昆虫记》细致而深刻地描绘了许多种昆虫的生活，是作者法布尔用对生命的关爱之心和对自然万物的赞美之情而写下的。书中对每一种昆虫的描绘都栩栩如生、跃然纸上。我们相信，这些生动的文字一定能引领小读者们走进丰富多彩的昆虫世界。

精彩片段赏读

　　在池塘的深处，水甲虫在活泼地跳跃着，它的前翅的尖端带着一个气泡，这个气泡是帮助它呼吸用的。它的胸下有一片胸翼，在阳光下闪闪发光，像佩带在一个威武的大将军胸前的一块闪着银光的胸甲。在水面上，我们可以看到一堆闪着亮光的"蛛蛛"在打着转，欢快地扭动着，不对，那不是"蛛蛛"，其实那是鼓虫们在开舞会呢！（拟人手法的运用和生动轻快的语言，把小昆虫们写得活灵活现，惹人喜爱。）离这儿不远的地方，有一队池鳐正在向这边游来，它们的泳姿矫健而娴熟，就像裁缝运用手中的缝针一样。

　　在这个地方你还会见到水蝎，只见它交叉着两肢，在水面上悠闲地做出一副仰泳的姿势，那神态，仿佛它是天底下最伟大的游泳好手。（比喻修辞与幽默的语言，将水蝎在水中游泳的状态描写得生动形象。）还有那蜻蜓的幼虫，穿着沾满泥巴的外套，身体的后部有一个漏斗，每当它以极高的速度把漏斗里的水挤压出来的时候，借着水的反作用力，它的身体就会以同样的高速冲向前方。

　　在池塘的底下，躺着许多沉静又稳重的贝壳动物。有时候，小小的田螺们会沿着池底轻轻地、缓缓地爬到岸边，小心翼翼地慢慢张开它们沉沉的盖子，眨巴着眼睛，好奇地展望这个美丽的水中乐园，同时又尽情地呼吸一些陆上空气；（形容词和动词使用准确、生动、形象，紧紧抓住了田螺的特点。）水蛭们伏在它们的征服物上，不停地扭动着它们的身躯，一副得意洋洋的样子；成千上万的子子在水中有节奏地一扭一曲，不久的将来它们会变成蚊子，成为人人喊打的坏蛋。

　　乍一看，这是一个停滞不动的池塘，虽然它的直径不超过几尺，可是在阳光的孕育下，它却犹如一个辽阔神秘而又丰富多彩的世界。它多能

打动和引发一个孩子的好奇心啊！让我来告诉你，在我的记忆中的第一个池塘怎样深深地吸引了我，激发起我的好奇心。（以抒情性笔调总结上文，同时设置悬念以引起下文，激发读者的阅读兴趣。）❉

——节选自《昆虫记》第二章《神秘的池塘》

十万个为什么

[苏联] 米·伊林/著
董纯才、邹信然、祝修恒/译
湖南教育出版社

新中国成立以来，最受读者欢迎的一套优秀青少年科普读物。

米·伊林（1896—1953），他从小酷爱读书，喜欢大自然，喜爱科学实验，童年时期曾仔细观察和研究蚂蚁的生活习性，观察天空和星象。米·伊林一生创作了近20部脍炙人口的中篇和长篇科普作品。其中代表作品有《十万个为什么》、《不夜天》、《原子世界旅行记》等。这些作品在普及科学知识，鼓舞人们认识自然、改造自然等方面起了巨大的作用。

认识这本书

《十万个为什么》采录生活中常见的现象，提出问题，并以简明活泼的语言介绍基本的科学知识。这部书自20世纪60年代在我国出版以来，已使无数中国青少年迈进了知识的大门。《十万个为什么》的书名是米·伊林取自英国作家、诺贝尔文学奖获得者卢·吉卜林的一句话："五千个哪里，七千个怎样，十万个为什么。"当时的《十万个为什么》仅5万字，那是一本"在屋子里边走边写的书。"

米·伊林认为"你屋内的事物，每一件都是一个谜。""为什么炉子里的柴会噼啪作响？为什么烟会从烟囱里出去而不向屋里冒？"他提出这些饶有兴味的问题，然后用浅显易懂却又富有启发性的语言向读者解释。米·伊林有使普通事物变成有趣事物的技巧，他的故事充满了热情，不仅吸引着儿童，也吸引着成年人。

精彩片段赏读

你很早就认识了字，并且能毫不费力地读出街上的随便哪一块招牌。你不会跑到理发馆里去买药，也不会跑到药房里去理发。如果人们不陪你，你也会很容易地找到路，只需要给你正确的地址、街名和门牌号码。

文字真是好东西。认识了字，就可以读完最厚的书，可以了解世界上的一切事情。

但是也有另外一套文字，这是每个想成为真正有学识的人应该知道的。这就是大自然的文字。它总共有成千上万个字母。天上的每一颗星就是一个字母。你脚下的每粒小石子也是一个字母。对于不认识这一套文字的人来说，所有的星全是一样的东西。而有些人却认得许多星的名字，并且可以说出它跟别的星有什么分别。就像书里的话是用字母组成的一样，天上的星也组成星座。

从古以来，当水手们需要在海上寻找道路的时候，他们就去看那星星写成的书。你知道，在水面上船只是不会留痕迹的，那里也没有什么写着"由此往北"的有箭头的指路牌。但是水手们并不需要这样的指路牌。他们有带磁针的罗盘，磁针永远指着北边。即使他们没有罗盘，他们也照样迷不了路。他们朝天望望，在许多星座当中找到了小熊星座，在小熊星座当中找到了北极星。有北极星的那边就是北方。

云，也是天空大书上的文字。它不但讲现在的事情，而且讲将来的事情。在天气最好的时候，根据云可以预测出雷雨或者霪雨。

有时候，在炎热的夏季，天空远远耸立着一座白色的云山。从这座云山向左右伸出两个尖头。山变得像铁匠铺里的铁砧了。

飞行员知道，砧状云是雷雨的预兆。应该离它远一些才好。如果在它里面飞行，它会把飞机毁掉——在那儿的风就是刮得那么有力。

天空的使者——鸟，也会教给那些留心观察它们的人许多本领。

假如燕子在空中飞得很高，看去很小很小，那就会有好天气。白嘴鸦飞来说，春天已经来到大门口了。而飞走的鹤不用日历就可以告诉人

们，热天已经过去了。

　　总评：《大自然的文字》是一篇科普性文字作品，它生动形象地把知识性、科学性、趣味性三者融为一体。不仅告诉了我们有关大自然文字的种种，而且重点叙述了辨识这些自然文字的方法和意义。文章生动活泼、通俗易懂。✹

——节选自《十万个为什么》中《大自然的文字》

神奇校车

[美国] 柯尔/著　迪根/绘

谢　微/译

四川少年儿童出版社

美国最具影响力、得奖最多、最畅销、最受欢迎的科学图画书。

乔安娜·柯尔（1944—　），在开始创作儿童读物之前，她做过小学教师、图书管理员、儿童读物编辑，现在专事写作。迄今为止，乔安娜已经创作了九十多本儿童书。她以清晰、全面、易懂的创作特点向孩子们解释了复杂的科学主题。乔安娜曾因其在童书领域的卓越贡献，而获得华盛顿邮报童书协会的非小说类大奖，以及大卫·麦考文学奖。

认识这本书

本系列图画书在美国畅销超过6千万册，是得奖最多、最受欢迎的儿童自然科学图画书，也是世界最具影响力的儿童自然科学图画书之一。

全系列以麻辣神奇的女教师——弗瑞丝小姐及其精怪顽皮的小学班级学生为主角，历经一场又一场天翻地覆、惊心动魄又刺激精彩的自然科学大冒险。一本一个主题，故事活泼、生动、爆笑、有趣，紧紧贴合儿童阅读喜好与口味。绘者布鲁斯·迪根是美国儿童教育、出版界知名插画家，在本系列的图画中，他分别以针笔、水彩、胶彩、色铅笔等不同工具与笔调，呈现出结合绘本、漫画与卡通的独特图画风格，极受大人与儿童欢迎。深入浅出的编辑手法，借由大量的图像搭配故事、对话、标注、说明文字等方式，充分满足了各个不同知识、年龄层读者的需求。

精彩片段赏读

　　有一天早晨，弗瑞丝小姐说："今天天气多好啊，正适合我们到气象站旅行。"我们都感到惊讶不已。

　　我们还没完成我们关于天气的实验，就随着弗瑞丝小姐坐上了校车，我们出发了——不管有没有准备！

　　不一会儿，我们就乘着旧校车出发了。我们都在试着从收音机里听一些音乐，没注意到弗瑞丝小姐转动了仪表板上的一个奇怪的转盘。车子就发生了变化。（设置悬念。）

　　突然间，多罗西说："看！"

　　我们简直无法相信，我们换上了飞行服，坐在一个篮子里！

　　汽车已经变成了一只热气球，我们即将升空！

　　我们开始上升。弗瑞丝小姐说："孩子们，我是否提到过，热空气会上升？"

　　我们升得越来越高。

　　虽然气球里充满热空气，我们身边的空气却变得越来越冷了。

　　我们不得不穿上保暖的夹克。

　　"暖空气从地面上升起，会带有许多水蒸气分子。"弗瑞丝小姐继续说，"当空气上升，它就会变冷。这样，空气中的水就冷凝成云。"（在故事叙述中穿插科普知识，轻松有趣。）

——节选自《神奇校车：穿越飓风》

森林报

[苏联] 维·比安基/著

王 汶/译

二十一世纪出版社

一部关于大自然四季变化的百科全书。

维·比安基（1894—1959），著名儿童科普作家和儿童文学家。1894年，维·比安基出生在一个养着许多飞禽走兽的家庭里。他父亲是俄国著名的自然科学家。他从小就喜欢到科学院动物博物馆去看标本，跟随父亲上山打猎，跟家人到郊外、乡村或海边居住。在那里，父亲教会了他怎样观察、积累和记录对大自然的全部印象。

《森林报》是比安基的代表作。这部书自1927年出版后，连续再版，深受少年朋友的喜爱。

认识这本书

普通报纸上，尽刊登人的消息，人的事情。可是，孩子们也很想知道飞禽走兽和昆虫是怎样生活的？

森林里的新闻并不比城市里的少。森林里也在进行着工作，也有愉快的节日和可悲的事件，森林里也有英雄和强盗。可是，这些事情，城市报纸很少报道，所以谁也不知道这类林中新闻。

比方说，有谁看见过，在严寒的冬季里，没有翅膀的小蚊虫从土里钻出来，光着脚丫在雪地上乱跑？你在什么报上能看到关于"林中大汉"麋鹿打群架、候鸟大搬家和秧鸡徒步走过整个欧洲的令人发笑的旅行消息？

所有这些新闻，在《森林报》上都可以看到。

这部名著用轻快的笔调、采用报刊形式，按春、夏、秋、冬四季顺序，有层次、有类别地报道森林中的新闻，将动植物的生活表现得栩栩如生，引人入胜。著者还告诉了孩子们应如何去观察大自然，如何去比较、思考和研究大自然的方法。

精彩片段赏读

　　田野里还积着雪，兔妈妈就早早地生产了。小兔子一出生就能睁眼看东西，身上还穿着暖和的小皮袄。（把兔子身上的毛比喻成小皮袄，生动形象。）它们一来到世上就会跑，只要吃饱了妈妈的奶，就四下跑开，藏在灌木丛和草墩子下面。这时兔妈妈也不知跑到哪里玩去了，可它的这些小宝宝还安安稳稳地躺在那里，不叫唤，也不折腾。

　　一天、二天、三天过去了。兔妈妈在田野撒开脚丫子，又蹦又跳，早把自己的孩子忘掉了。而小兔们这时还躺在那里。幸亏它们没有瞎跑，不然会被老鹰发现或被狐狸追踪。

　　终于有一个兔妈妈从它们旁边跑过。不对，它不是它们的妈咪，那是一位阿姨，小兔们央求兔阿姨："喂喂我们吧！""那——好吧，就吃我的奶吧！"兔阿姨喂饱了它们，就跑开了。（拟人的手法，把兔子们描写得非常可爱。）

　　小兔们又回到灌木丛里躺下了。而此时此刻它们的妈妈正在什么地方喂别人家的孩子呢。

　　原来妈妈们有这样一个约定：所有的孩子都是大家的。不管在哪儿，只要遇到小兔，兔妈妈们都要给它们喂奶，亲生的和别人家的都一样对待。

　　你以为小兔离开了家就要受苦吗？不，受不到一点儿苦！它们有小皮袄，身上暖暖和和的。妈妈、阿姨的奶又香又浓，吃上一顿，几天不饿。（用设问的手法，使文章读起来显得亲切活泼。）

　　过上八九天，小兔子就开始吃草了。❀

——节选自《森林报》中《雪地里的吃奶小兔》

万物简史

[美国] 比尔·布莱森/著
严维明、陈邕/译
接力出版社

> 这部雄心勃勃的著作，通过一种富于智慧和极易理解的方式，将科学与最广大的潜在读者联系在了一起。
>
> ——英国皇家学会　罗伯特·温斯顿

比尔·布莱森（1951— ），享誉世界的旅游文学作家。布莱森擅长用不同的眼光来看待他所游历的世界，在他的书里，英国式的睿智幽默与美国式的搞笑绝妙地结合在了一起。他的尖刻加上他的博学，让他的文学作品充满了幽默、机敏和智慧，使他成为"目前活在世上的最有趣的旅游文学作家"。

认识这本书

这是一部有关现代科学发展史的既通俗易懂又引人入胜的书，作者用清晰明了、幽默风趣的笔法，将宇宙大爆炸到人类文明发展进程中所发生的妙趣横生的故事一一收录笔下。书中回溯了科学史上那些伟大与奇妙的时刻，引用了近年来发现的最新科学史料，几乎每一个被作者描述的事件都奇特而且惊人。而那些沉迷于科学的科学家也是千奇百怪：达尔文居然为蚯蚓弹起了钢琴；牛顿将一根大针插进眼窝，为的只是看看会有什么事情发生；富兰克林不顾生命危险在大雷雨天里放风筝。本书在讲述科学的奇迹与成就的同时，作者还一次次把目光对准人类那些糟糕的发明，震惊于人类对海洋的危害、对大气的污染以及对动物的赶尽杀绝等。每一个人在阅读此书之后，都会对生命、对人生、对我们所生活的世界产生全新的感悟。

精彩片段赏读

如今，天文学家可以办到最令人瞠目的事。要是有人在月球上划一根火柴，他们能看到那个火焰。根据远处星星最细微的搏动和抖动，他们能推算出行星的大小和性质，甚至潜在的适于栖居的可能性，而这些行星可是远得根本看不见的啊——它们如此遥远，我们乘宇宙飞船去那里也要花250万年。他们能用射电望远镜捕捉到一丝一毫的辐射，而这种辐射是如此微弱，自开始采集（1951年）以来，所采集到的来自太阳系之外的全部能量，用卡尔·萨根的话来说："还不到一片雪花落地时所产生的能量。"

总之，宇宙里没有多少东西是天文学家发现不了的，只要他们愿意。因此，想起为什么在1978年之前还没有人注意到冥王星有一颗卫星，这就更为寻常了。那年夏天，亚利桑那州弗拉格斯塔夫的美国海军天文台有一位名叫詹姆斯·克里斯蒂的年轻天文学家，正在对冥王星的照片做例行审查，他突然发现那里有什么东西——模模糊糊、不大确定的东西，反正肯定不是冥王星。他跟一位名叫罗伯特·哈灵顿的同事讨论片刻以后下了结论：他观察到的是颗卫星。它还不是一般的卫星，相对于那颗行星而言，它是太阳系里最大的卫星。

这对冥王星的行星地位实际上是个打击，而这个地位又从来没有牢固过。人们原先认为，那颗卫星占有的和冥王星占有的是同一个空间。这意味着，冥王星比任何人想象的要小得多——比水星还要小。实际上，太阳系里的七颗卫星，包括我们地球的卫星，都要比冥王星的卫星大。

此刻，你自然会问，为什么发现我们自己太阳系里的一颗卫星要花那么长的时间。回答是：这跟天文学家把仪器对准什么地方、他们的仪器旨在探测什么东西有关系，也跟冥王星本身有关系。最重要的是他们把仪器对准什么地方。用天文学家克拉克·查普曼的话来说："大多数人认为，天文学家在夜间去天文台扫视天空，这是不真实的。世界上差不多所有的望远镜都旨在观察遥远天空中的极小东西，观察一颗类星体，或寻找

黑洞，或观察一个遥远的星系。唯一真正用来扫视天空的望远镜网络是由军方设计和制造的。" ✳

———节选自《万物简史》第二章《欢迎光临太阳系》

小灵通漫游未来

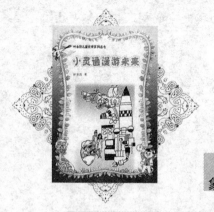

叶永烈/著
人民文学出版社

> 这是中国科幻小说中独一无二的，全面、形象地展现未来的作品。

叶永烈，1963年毕业于北京大学化学系。20岁时出版了第一本科学小品集《碳的一家》，从此，他走上了科学文艺的创作道路，在此后的二十年里，写了四十多本科学文艺及科普读物，发表七百多篇科普文章，作品多次获奖。1980年起，其作品开始涉足重大历史题材，以写历史人物传记和时代风云纪实为主，其产量之多、速度之快、题材之广，受到中外文坛瞩目。

认识这本书

《小灵通漫游未来》是叶永烈的第一部科学幻想小说，写于1961年，当时叶永烈年仅21岁。《小灵通漫游未来》的面世产生了广泛的影响，获得中国少年儿童文艺创作一等奖。

"张开幻想的翅膀，小灵通带你到未来世界飞翔。"《小灵通漫游未来》塑造了眼明心亮的小记者小灵通这个可爱的形象。作者通过小灵通三度漫游未来市的种种见闻，多角度、全方位、生动有趣地展现了未来世界的立体图景。可以说，《小灵通漫游未来》描绘了一幅充满细节的长卷——未来世界的《清明上河图》。像这样全面、形象地展现未来的作品，在众多中国科幻小说中是独一无二的。

未来是希望的所在。《小灵通漫游未来》是一本充满希望的好书，给小读者以鼓舞、知识、幻想和力量。

精彩片段赏读

那爷爷果真是船长。那两个小家伙，是他的孙子和孙女：哥哥叫小虎子，妹妹叫小燕。

爷爷听说我是个新闻记者，高兴地拍了拍我的头："那太好了，小灵通。我们这船是开往未来市的。你没到过未来市吧？我欢迎你到我们家来做客，玩几天，顺便把我们这座崭新的城市报道报道，讲给你的小朋友们听听。"

"你一定要到我们家来！"小虎子说，"我爸爸是你的同行，《未来日报》的编辑。他一定会非常喜欢你。"

我们并排坐在白色的长椅上，愉快地交谈着。江风阵阵吹来，非常凉快。

这时，我才提出我弄不明白的问题：照道理，船是停泊在江面上的。可是，我昨天一直在灌木丛和草地上摸来摸去。我记得，当时是在草地上摸到白栏杆，然后跳了过去，躺到长椅上，怎么会一下子变成在船上了呢？（通过提出疑问，引起读者的阅读兴趣，也推动了小说情节的发展。）

爷爷让我扶着船舷的栏杆，朝船底一瞧，我这才发现，这艘船是一艘怪船：它的船底是完全腾空的，脱离了水面，像腾云驾雾似的在江面上航行！（比喻贴切形象。）

爷爷告诉我：这艘船是一种新式的船，叫做"原子能气垫船"。在船上，有一个巨大的风扇，不停地往船底鼓风，使整个船都腾空，脱离水面。这样，船在航行的时候，不受水的阻力，所以像飞一样快。正因为这样，船还能在陆地上行驶。它在陆地上也是腾空的，脱离地面。昨天夜里，他们从江里开到陆地上休息，把机器关掉，船躺在草地上。我就在那时，跃过了栏杆，躺到长椅上睡熟了。清早，气垫船起航了，又从陆地上开往江里，这时我仍在酣睡。直到灿烂的阳光射到我的脸上，我仿佛梦见老虎的眼睛，像灯笼般直盯着我，这才惊醒过来……

气垫船闪电般地在江上行驶。起初，江水是黄色的，满是泥沙。渐

渐的，江面变得越来越宽，水也渐渐变蓝了。爷爷告诉我，船已经从江面开到海面了。这时，只有远处岸边的水，才是黄色的，犹如一块巨大的深蓝色的地毯，镶着金黄色的滚边。后来，这滚边也消失了，四周全是碧蓝碧蓝的海水，天连着海，海连着天。晶莹的海水映着蓝蓝的天空，这样美丽的海景，我从来也没见过。（景色描写优美，比喻生动新奇，富有想象力。）❀

——节选自《小灵通漫游未来》中《奇怪的船》一节

哈利·波特

[英国]J.K.罗琳/著
马爱新、苏农、郑须弥/译
人民文学出版社

> 一部精彩至极的小说……哈利注定将创造一番伟大成就……有趣、感人，并令人难忘！
>
> ——《纽约时报》

J.K.罗琳（Joanne Kathleen Rowling，1965— ），当代最知名的儿童文学作家。她的人生像她的作品一样充满了传奇色彩。从小就喜欢写作的罗琳是个单亲妈妈，曾经靠微薄的失业救济金养活自己和女儿。为了逃离又小又冷的房间，她总是窝在公寓附近的尼可森咖啡馆里写作。因为没钱点餐，她每次只点一小杯卡布奇诺，一字一字写下了《哈利·波特》的故事，一经出版，随即就在世界范围内掀起"哈利·波特"阅读狂潮。

认识这本书

《哈利·波特》用魔法征服了全世界，它已被翻译成60多种文字，销量数亿册，被评为最畅销的四部儿童小说之一。

《哈利·波特》系列魔幻文学作品共有七本，其中前六部以霍格沃茨魔法学校为主要舞台，描写的是主人公哈利·波特在霍格沃茨魔法学校六年的学习生活中的冒险故事。第七本描写的是哈利·波特在野外寻找魂器并消灭伏地魔的故事。

在校园生活场景中展开魔幻故事，在魔幻世界中表现校园生活，在充满

悬念与不断发展的进程中刻画主人公精神生命的成长，这是"哈利·波特"系列最具特色的艺术手法，也是吸引青少年沉迷其中的重要原因。

精彩片段赏读

我们的故事开始于一个晦暗、阴沉的星期二，德思礼夫妇一早醒来，窗外浓云低垂的天空，并没有丝毫迹象预示这地方即将发生神秘古怪的事情。（正话反说，预示着下文即将有神秘古怪的事情发生，引起读者的阅读兴趣。）德思礼先生哼着小曲，挑出一条最不喜欢的领带戴着上班，德思礼太太高高兴兴，一直絮絮叨叨，把唧哇乱叫的达力塞到了儿童椅里。

他们谁也没留意一只黄褐色的猫头鹰扑扇着翅膀从窗前飞过。（看似轻描淡写的一句话，却描绘了小说中重要的一个场景，神秘古怪的事情便由此而起。）

八点半，德思礼先生拿起公文包，在德思礼太太面颊上亲了一下，正要亲达力，跟这个小家伙道别，可是没有亲成，小家伙正在发脾气，把麦片往墙上摔。"臭小子。"德思礼先生嘟哝了一句，咯咯笑着走出家门，坐进汽车，倒出四号车道。

在街角上，他看到了第一个异常的信号——一只猫在看地图。（奇异的事情出现，悬念开始不断释放，读者的好奇心也不断被吊起。）一开始，德思礼先生还没弄明白他看到了什么，于是又回过头去。只见一只花斑猫站在女贞路路口，但是没有看见地图。他到底在想些什么？很可能是光线使他产生了错觉吧。德思礼先生眨了眨眼，盯着猫看，猫也瞪着他。当德思礼先生拐过街角继续上路的时候，他从后视镜里看看那只猫。猫这时正在读女贞路的标牌，不，是在看标牌；猫是不会读地图或是读标牌的。德思礼先生定了定神，把猫从脑海里赶走。他开车进城，一路上想的是希望今天他能得到一大批钻机的订单。❀

——节选自《哈利·波特与魔法石》第一章《大难不死的男孩》

永远讲不完的故事

[德国]米切尔·恩德/著
李士勋/译
二十一世纪出版社

这是在德国就像《西游记》在中国那样家喻户晓的经典作品。

米切尔·恩德（1929—1995），生于德国南部的巴伐利亚州，当过报社通讯员、演员，他一生以写作为主业。除了为青少年写作之外，他也为成人写作，为画配诗，出版了戏剧集和诗集。在德国，米切尔·恩德和安徒生一样，是一个家喻户晓的人物，他的两部代表作品《毛毛》、《永远讲不完的故事》都被拍成电影搬上银幕。他一生获得过十余项国内外大奖。

认识这本书

这部翻译成中文长达30万字的故事，是恩德获得世界性声誉的幻想文学名著，全世界的幻想迷都为之着迷。

小说主人公巴斯蒂安是一个行动笨拙、经常被嘲笑的男孩。有一天，他从一家书店偷了一本书，书名为《永远讲不完的故事》，书中有一个幻想王国正在毁灭，天真女皇生命垂危，只有一个人间的小孩为她起一个新的名字，她和幻想王国方能得救。于是巴斯蒂安成了拯救者，并有了无限大的权力，他的每一个愿望都会实现。可是，随着他的愿望一个一个地实现，他的记忆也在一点点的消失，并将永远回不到人类世界。最终，在朋友的帮助下，他回到了人类社会。

本书的故事结构非常独特，巴斯蒂安有时在现实世界，有时却在书中的幻想国。情节盘根错节，场景光怪陆离。故事每一篇用英文字母排序，从A到Z，英文字母用完了，故事却还没有讲完。

精彩片段赏读

可当他读到有关天真女皇的那一段时，有那么一刹那间——就像闪电一闪而过（比喻形象生动。）——他看到了她的脸。不仅是在他的思想中，而且是用他自己的眼睛看到了。巴斯蒂安可以肯定这决不是臆想。他甚至看到了许多书中根本就没有描写到的细节，比如她的眉毛就像是用墨水在她金色的眼睛上画成的两条纤细的弧线——比如，她的耳垂特别长——再比如，她那娇嫩的脖子上的脑袋喜欢弯向一边。（肖像描写抓住了人物的特点。）巴斯蒂安确切地知道，在他的一生中从未看到过比这张脸更漂亮的东西。就在这同一瞬间，他也知道了她叫什么：月亮之子。毫无疑问，这就是她的名字。

月亮之子望着他——望着他，巴斯蒂安·巴尔塔扎·巴克斯。

他不知该如何解释她望着他的那副神情。难道她也感到吃惊？她的目光中有一种乞求？一种思念？还是——究竟是什么呢？（连用问句，突出了月亮之子神情的复杂和难以捉摸。）

他试着在记忆中重新唤起月亮之子的眼神，但是他再也无法做到。有一点他是很清楚的，这目光透过他的眼睛、他的颈项一直射到了他的心里。现在他还能感受到这目光从他的眼睛到心里这一路上所留下的灼热的感觉。他感到，这目光留在他心里，像一个秘密的宝藏那样熠熠发亮。这使他产生了一种非常奇怪的、但同时也是非常美妙的疼痛感。（运用通感的手法，把月亮之子眼神的魔力描写得生动细腻，非常有穿透力。）

即使是巴斯蒂安自己愿意的话，他也无法抵御在他身上所发生的一切。但是，他并不愿意，噢，不愿意。与此相反，他不愿意用这一宝藏来换取世界上的任何东西。他想要的只是：继续读下去，这样便又能在她的身边，又能看见她了。

他没有料想到，这样他便不可更改地参与了一项不同寻常的、也是非常危险的冒险。但是，即便是他料想到的话——那么对他来说肯定也是没有任何理由要将这本书合上，把它搁在一边，再也不去动它。

他用颤抖的手指去寻找刚才阅读时停下来的地方，他继续往下读。

（又害怕、又渴望继续深入了解，通过动作描写，把巴斯蒂安欲罢不能的心态传神地表现了出来。）

钟楼上的钟敲了十下。❋

——节选自《永远讲不完的故事》中《飞向象牙塔》

成长故事

爱的教育

[意大利] 埃迪蒙托·德·亚米契斯/著
夏丏尊/译
译林出版社

全世界公认的最富有爱心的教育读物。

埃迪蒙托·德·亚米契斯（Edmondo De Amicis，1846—1908），意大利著名作家。他从小喜欢军旅生活，中学毕业后进入陆军学校学习，后来参加了统一意大利的爱国战争。1868年发表处女作《军营生活》，并因此而成名。意大利解放后，亚米契斯放弃军事生涯，潜心文艺创作，写了许多反映教育事业的作品。

认识这本书

一百多年来，这本书畅销不衰，在法国《读书》周刊举办的"有史以来人类最佳读物"评选中，它名列第三。

《爱的教育》是一本日记体小说，记述了四年级小学生安利柯和他的同学们10个月的学习和生活的故事。本书由三部分组成：一部分是主人公安利柯的日记；一部分是主人公的爸爸、妈妈、姐姐写给主人公的信；还有一部分是老师交给学生抄写的"每月故事"。后两部分交叉在前一部分当中。

爱是整篇小说的主旨，作家在最平实的字里行间，融入了世间最伟大的爱：师生之爱、父母之爱、儿女之爱、同学之爱……作品通过大量的人物心理活动描写，颂扬了爱的美德和高尚的心灵。

精彩片段赏读

今天早晨，父亲送我去学校的路上，我一直在跟父亲讲昨天我们老师说的话。我们谈得正高兴，忽然看见街上有许多人，成群结队地向学校涌去。

父亲不安地对我说："可能出了什么事了！新学年刚开始，真糟糕！"

我们都紧张起来，不禁加快了脚步，好不容易才从人群中挤了过去。这时，只听有人在说："可怜的孩子，可怜的洛贝谛！"（通过父亲和围观者的语言，渲染了紧张气氛，也设置了悬念。）

从人们头上望去，我们看到了校长室里警察的头盔和校长光秃秃的头。不一会儿，一个戴着高帽子的绅士模样的人走了进来。

大家都不约而同地说："医生来了！"父亲向一位老师打听："出了什么事？""车子轧了脚。"老师说。"骨头都压碎了！"另一个人插话说。

原来，这孩子是二年级的学生，他的父亲是个炮兵大尉，他是父母的掌上明珠。早晨上学的路上，一个最低班的小学生离开母亲之后，一不小心摔倒在马路上了。正巧这时有一辆车向那孩子疾速驶来，眼看就要撞着他了。洛贝谛见此情景，勇敢地跳了过去，一把抓住那孩子，把他拖到一边，可他自己却来不及躲开，被马车的车轮碾在脚上……（前文先叙述事故的结果，留下悬念，引起读者的阅读兴趣。此处再用倒叙手法补充交代事故的原因和经过，保持了故事的完整性。）

人们正在议论这一事故时，忽然有个女人——她就是洛贝谛的母亲，发疯似的拨开人群冲了过来。紧接着又一个女人跑到她跟前，两手紧抱她的脖子放声大哭起来。她是那个被救孩子的母亲。两人都跑进校长室里，立刻传来了裂人肺腑的叫声："我的洛贝谛！我的孩子呀！"（通过"发疯似的"、"拨开"、"冲"、"跑"、"裂人肺腑"等对动作、语言的刻画，表达了两位母亲悲痛万分的心情，生动感人。）❀

——节选自《爱的教育》

133

淘气包埃米尔

[瑞典] 阿斯特丽德·林格伦/著
李之义/译
中国少年儿童出版社

一本让孩子和家长看后会大笑的书。

阿斯特丽德·林格伦（Astrid Lindgren，1907—2002），享誉世界的瑞典儿童文学作家，曾于1958年获得国际安徒生奖章，开创了瑞典儿童文学的一个黄金时代。她的作品被译成86种文字，发行量达到1亿3千万册，把她的书摞起来有175个埃菲尔铁塔那么高，把它们排成行可以绕地球三周。林格伦在瑞典享有很高的荣誉，传说在瑞典国会里，两派议员为一件事情争论不休，"老太太"一来，说上几句话，全部摆平……

认识这本书

本书讲述了一个名叫埃米尔的男孩子淘气的故事。他是一个罕见的淘气包，无论他走到哪里，都要把那个地方弄得鸡飞狗跳，不得安宁：将三岁的妹妹小伊达升上了旗杆顶上；把老鼠夹放在餐桌下，夹伤了爸爸的脚趾头；把一盆猪血泼在爸爸的脸上；放焰火玩，差点让市长大人家着火……这些令他的爸爸头痛不已，以致勒奈贝尔亚村的大人们一听到埃米尔的名字就摇头。

可是他并不坏，他其实是一个可爱、善良、爱帮助别人的小男孩，他所做的每件事的本意都是好的，只不过好心没办成好事罢了。由于他勇敢善良，富有同情心和正义感，为了帮助别人不惜牺牲自己的一切，终于得到人们的谅解和赞扬。

精彩片段赏读

　　黑麦地里，埃米尔爸爸和阿尔佛莱德在不停地挥动着长柄大镰刀割麦子，后面紧跟着李娜和卡罗萨·玛娅，她们把割下的黑麦急忙收拢并捆成一捆。那个时候人们就这么干活。

　　当埃米尔和小伊达抬着篮子终于出现在地头上时，从埃米尔爸爸那里他们可没有受到那种可爱的使者应该受到的欢迎。相反，他吵吵嚷嚷地批评他们来得太晚了。因为咖啡应该准时送到，应该在中间休息时喝上它。（通过对比描写，一位严厉甚至有点不讲道理的父亲形象站在了读者面前。）

　　"不过现在喝会特别有味。"阿尔佛莱德说。他想让埃米尔的爸爸从别的角度想想，想想好的方面。要是在八月份的炎热的一天，你也在勒奈贝尔亚的田野地头上这么休息，在阳光下，大家一起坐在石头堆旁喝喝咖啡聊聊天，或者蘸着咖啡吃块三明治，就别提有多美了。但是埃米尔的爸爸还在生气，他一把夺过篮子，掀开盖子。这下就更糟了，因为这时那只小青蛙一下子跳到了他身上，并钻进他那件由于天热而敞开的衬衣里。青蛙的小脚是那么冰凉，蹬在埃米尔爸爸身上真痒人。埃米尔爸爸觉得挺不舒服的，就用力一挥胳膊，不幸的是他正打在咖啡壶上，并把它打翻在地。多亏埃米尔手脚麻利，立即扶起它，咖啡才洒得不多。那只青蛙一下子又不见了。原来它受到惊吓一下钻到埃米尔的爸爸的裤子里去了。埃米尔的爸爸气得简直像发了疯。他两腿四下乱踢，想快把那青蛙从裤腿里甩出来。遗憾的是那壶咖啡又碍了他的事，又被他踢中并翻倒在地。（埃米尔爸爸捉青蛙的场面描写生动风趣，活灵活现，让人忍俊不禁。）要不是埃米尔又机灵地把它扶起来，他们这次休息就别想喝什么咖啡了，那就更糟了。

　　那只青蛙当然也不喜欢呆在那里面，它终于顺着裤腿钻了出来，埃米尔又抓住了它。但是他爸爸还在生气，他认为这青蛙一定是埃米尔搞的一个恶作剧，虽然事情并非如此。埃米尔原以为是李娜掀开篮盖，而且看到这么一只漂亮的小青蛙会特别高兴。我提提这件事是想让你知道，埃米尔的日子也不是那么轻松，有时他会受到一些无辜的指责。例如，真该问

问，以埃米尔爸爸的看法，他应该把青蛙放在什么地方，因为埃米尔两边的裤口袋都有洞。

李娜常常这样说埃米尔："我从来没见过这么调皮的孩子，即使他自己不搞恶作剧，恶作剧也会找到他头上。"

——节选自《淘气包埃米尔》中《埃米尔的最新花样》

漂亮老师和坏小子

杨红樱/著
作家出版社

——本轻松好玩的当代校园小说。

　　杨红樱，当代儿童文学作家。19岁开始发表儿童文学作品，现已出版童话、儿童小说五十余种。已成为畅销品牌图书的系列有："杨红樱童话系列"、"杨红樱校园小说系列"、"淘气包马小跳系列"、"笑猫日记"系列。其作品总销量超过3000万册，在中小学生中产生了广泛的影响，她多次被少年儿童评为"心中最喜爱的作家"。

认识这本书

　　作品讲述了师范大学中文系毕业的女大学生米兰，在一次偶然的机会被聘为白果林小学六三班的班主任，因此与坏小子肥猫、米老鼠、豆芽儿、兔巴哥发生了一系列既温暖又幽默风趣的故事：她带领学生们跳芭啦芭啦舞；她去家访编着"谎言"送偏方；她教一个软弱的男生如何捍卫自己的尊严；面对险境，她巧用计谋赢得学生的尊重；毕业考试前她竟带着全班同学去郊外踏青……在这些故事中她认识了肥猫，认识了豆芽儿，认识了六三班。

　　《漂亮老师和坏小子》融入了作家杨红樱对教育深层次的思考和探讨。在漂亮老师种种"离经叛道"的行为中，无处不流露着自然率真的人生态度、平等对话的人际交往原则和对孩子们天性的尊重。

精彩片段赏读

米老师的试用期快到了

三个月即将过去，米兰的试用期也快到了。由姜校长、白副校长、秦主任和六年级的年级组长马老师临时组成了一个考核小组，要对米兰在三个月试用期间的表现，做一个鉴定。当然，最有发言权的是年级组长马老师，因为她是米兰最直接的顶头上司，平时米兰的表现，她都看在眼里，记在心里。

老教师说话总是面面俱到，滴水不漏。无论马老师对米兰有多少不满，看她有多么多么地不顺眼，但在对米兰的评价上，马老师还是得先说米兰的长，再说米兰的短。

"从自身的条件、知识结构来说，小米还是不错的，工作的热情也比较高。但是——"马老师在"但是"的后面做了比较长的停顿，她是教语文的，她知道在什么地方强调后面的内容才是最重要的，"我个人认为小米是不适合做老师的，她工作作风太随便……"（语言描写，把马老师的世故、自以为是和因循守旧表现得恰当而风趣。）

白副校长急着要为米兰辩解，姜校长把他拦住了，他请马老师再说详细点。

"她穿着太随便，经常穿牛仔裤、超短裙到学校里来；没有师道尊严，在学生面前嘻嘻哈哈……"

白副校长忍不住又为米兰辩解道："米兰老师毕竟还很年轻嘛！"

"颜玉老师也很年轻啊。"马老师一句话就把白副校长给打了回去，她压根儿就没把这个刚出大学校门就当副校长的白小松放在眼里。"颜玉老师跟小米一样年轻，可是她端庄、沉稳、虚心好学，处处严格要求自己，这样的青年教师才是我们应当大力培养的。"（通过和颜玉老师的对比，突出了米兰老师的与众不同和开放自由的性格。）

姜校长又问教导主任秦主任的意见。秦主任是一个喜欢拍马屁的人，她喜欢拍别人的马屁，也喜欢别人拍她的马屁。米兰从来不拍她的马

屁，颜玉经常拍她的马屁，所以她喜欢颜玉，不喜欢米兰。（这段酷似绕口令的描写，把一个爱拍马屁的秦主任的形象刻画得栩栩如生。）但秦主任最擅长察颜观色。她已看出姜校长对米兰有一种特别的赏识，还看出白副校长对米兰毫不掩饰的倾慕，但她又不能得罪马老师这样在学校里德高望重的老教师，所以她的态度便含含糊糊，模棱两可了。"再看看吧，再看看吧！"再看看就是没有结论。✺

——节选自《漂亮老师和坏小子》中《一堂生动有趣的作文课》

淘气包马小跳

杨红樱/著
接力出版社

> "马小跳"将会是孩子们永远的好朋友。
> ——中国电影集团公司董事长 韩三平

　　杨红樱,当代儿童文学作家。19岁开始发表儿童文学作品,现已出版童话、儿童小说五十余种。已成为畅销品牌图书的系列有:"杨红樱童话系列"、"杨红樱校园小说系列"、"淘气包马小跳系列"、"笑猫日记"系列。其作品总销量超过3000万册,在中小学生中产生了广泛的影响,她多次被少年儿童评为"心中最喜爱的作家"。

认识这本书

　　"淘气包马小跳系列"是杨红樱最新创作的儿童小说系列,曾获第十届五个一工程优秀文艺类图书奖。作品诙谐幽默、好玩有趣,通过描写一群调皮孩子的快乐生活以及他们和家长、老师、同学的好玩的故事,反映当代儿童的生活现实与心理想法,深情呼唤张扬孩子的天性,舒展童心、童趣,倡导理解、沟通,让孩子拥有健康、和谐、完美的童年。

　　主人公马小跳虽然被老师认为是"坏孩子",但其身上的善良、热情、真诚、勇敢,每次都让人感动,而他的想象力、创造力和与生俱来的幽默感又每每让人惊叹。如果世界上有关于玩的比赛,马小跳不得冠军至少也能得个亚军。马小跳不仅爱玩,而且会玩,能玩得花样百出,能玩出聪明与机智。

精彩片段赏读

秦老师在课堂上说："日记就是记你一天所看的、所做的、所说的、所想的。日记必须是很真实的，写作文还允许虚构，写日记是绝对不允许虚构的，所以，日记又是一个人的隐私，别人是不可以看的。"

马小跳不知道什么是"隐私"，但他记住了这样一个意思：你写的日记，别人是不可以看的。（这为马小跳以后把众多真实的心里话写在日记里埋下了伏笔。）

有一天，秦老师布置的家庭作业，就是写一篇日记。

吃过晚饭，马小跳开始写日记。今天有一件事情，一直令他耿耿于怀，一直让他不开心。虽然吃晚饭的时候，那一盘水煮大虾让他开心了一会儿，但吃完晚饭后，他又想起这件事情，真的没法开心起来。

今天的日记，马小跳要把这件事情记下来：

今天上美术课，我用削笔刀削了两支彩色笔。路曼曼看见我削笔，她也要削，就找我借给她，她说如果我不借给她，她一辈子都不理我。后来，我还是把削笔刀借给了她，她一连削了四五支彩色铅笔，把铅笔屑儿都削到我的椅子下。（流水账式、啰里啰嗦的写法非常符合儿童日记的特点。）结果，秦老师批评我破坏班上的清洁卫生，要罚我今天一个人打扫教室。我说路曼曼也削了，要罚就应该罚我们两个人打扫教室。没想到路曼曼竟会撒谎，她坚决不承认她削了笔，她说她根本就没削笔刀。秦老师相信了她，说像路曼曼这样的好学生，绝不可能把铅笔屑儿削在地上。（描写符合生活实际，盲目相信好学生，经常冤枉"坏学生"，相信在任何一个学校都能碰到这样的老师。）

真是气死我了。还是毛超、唐飞和张达够哥们，为了等我去踢足球，他们偷偷地帮我做了清洁，还劝我不要生气，张达说秦老师本来就是个偏心眼。毛超说爱撒谎的女孩子会变成丑八怪。唐飞说，他好像听人说，秦老师是路曼曼的亲戚，所以对她才那么偏心眼。❀

——节选自《淘气包马小跳系列：袭隆隆老师》中《马小跳的日记》

笑猫日记

杨红樱/著
明天出版社

陪伴少年儿童成长的心情宝典。

　　杨红樱，当代儿童文学作家。19岁开始发表儿童文学作品，现已出版童话、儿童小说五十余种。已成为畅销品牌图书的系列有："杨红樱童话系列"、"杨红樱校园小说系列"、"淘气包马小跳系列"、"笑猫日记"系列。其作品总销量超过3000万册，在中小学生中产生了广泛的影响，她多次被少年儿童评为"心中最喜爱的作家"。

认识这本书

　　《笑猫日记》是杨红樱的全新系列作品，目前一共有11本：《保姆狗的阴谋》、《塔顶上的猫》、《想变成人的猴子》、《能闻出孩子味儿的乌龟》、《幸福的鸭子》、《虎皮猫，你在哪里》、《蓝色的兔耳朵草》、《小猫出生在秘密山洞》和《樱桃沟的春天》、《那个黑色的下午》以及《一头灵魂出窍的猪》。

　　这些从严冬写到金秋的故事，犹如温暖童年的"心灵鸡汤"，犹如陪伴你成长的"心情宝典"。相信你将会在幽默好玩、美妙温暖的文字中，发现一条连通现实和幻想的秘密通道，相信你会感动，会流泪，会哈哈大笑，会开始生命中最初的思考……

精彩片段赏读

　　杜真子感冒了，没去上学。当然，我今天也不会去翠湖公园，我要在家里陪伴杜真子。讨厌的是杜真子的妈妈也不去上班，她要在家里照顾杜真子，可杜真子好像并不需要她，杜真子真正需要的是我。现在的孩子，内心都十分孤独，所以他们喜欢跟动物交朋友。对杜真子来说，我就是她的最好的朋友。杜真子宁愿把心里的话跟我说，也不愿跟她的妈妈说，因为我比她的妈妈更能理解她。

　　听，她的妈妈又在唠叨了。

　　"杜真子，你能不能少让我操点心？"

　　"谁让你操心了？"杜真子用被子捂住脑袋，"你这是瞎操心。"

　　"你说我瞎操心？你这孩子，还有没有良心？"杜真子妈妈的话匣子打开了，"要不是因为你，我早就到美国享福去了。我把所有的希望全部寄托在你的身上，我这么辛苦，还不是全为了你？你说，你对得起我吗？"（母女对话的场景真实，富有生活气息。）

　　这样的话，杜真子的妈妈就像念经一样，每天都要念上几遍。连我都听烦了，更别说杜真子了。

　　杜真子掀开被子坐起来："我没有良心，我对不起你，我是小罪人。你满意了吧？"

　　我真的不明白，像杜真子的妈妈这样的大人，难道他们就没有自己的追求？为什么要把所有的希望都寄托在孩子身上？为什么他们活着都是为了孩子？难道没有孩子，他们就不活了吗？这些家长有没有想过，他们会让自己的孩子瞧不起？（一连串的反问说出了杜真子，也是许多受不了父母唠叨的小读者的共同烦恼。）反正，我是瞧不起杜真子的妈妈这样的人。瞧人家马小跳的爸爸妈妈多好啊！他们除了爱他们的儿子，还爱他们的工作。马小跳的爸爸，是玩具设计师；马小跳的妈妈，是橱窗设计师。他们从来不说把所有的希望都寄托在马小跳身上，马小跳才活得这么自在，这么快活；心里一点压力都没有。难怪杜真子羡慕马小跳，难怪杜真子喜欢

到马小跳的家里去。也许她经常想：如果把马小跳换成她，那该多好啊！杜真子有太多的烦恼，我不知道怎么安慰她才好。我只有守候在她的床边，静静地陪伴她。❀

——节选自《笑猫日记——保姆狗的阴谋》

男生贾里·女生贾梅

秦文君/著
作家出版社

秦文君，著名儿童文学作家，现为少年儿童出版社名誉总编辑，上海市作家协会副主席。1982年开始发表作品，迄今已出版作品500余万字。主要有长篇小说《男生贾里》、《女生贾梅》等。其代表作品《男生贾里》等曾获冰心儿童图书奖、中国图书奖等40多种奖项，多部作品被译到海外或被改编成影视作品。1996年获意大利蒙德罗国际文学奖特别奖，2002年10月获国际安徒生奖提名。

认识这本书

《男生贾里·女生贾梅》以生动有趣的故事勾勒出一幅幅当代中学生的生活画面，情节生动，语言幽默，人物个性鲜明，富有时代气息和艺术魅力。

作者在故事的叙述结构上，采用了比较新奇的做法。贾里和贾梅是孪生兄妹，由于在同一所学校读书，于是作者同时让他们各自讲述同一个环境中发生的相同的和不同的故事，不断变化角度，让男生来讲女生，女生来讲男生。

男生贾里可不是个平平常常的人物，他聪明、热情侠义，经常会做出点令人意想不到的举动来。可爱的贾梅是贾里的双胞胎妹妹，她天真活泼，心地善良，富有同情心，这个看似平凡普通的初中女生，却和她的伙伴们一起演绎出一段段丰富多彩的成长故事。

精彩片段赏读

　　开学伊始，新鲜的事一件接一件。换了新教室，发了新书，班里同学也都变得面目全非，特别是一些女生，像吃多了发酵粉，一下子又高又大，不知这样猛长下去，国家球队是否会把她们物色去？（语言幽默，引人发笑。）真想写信去推荐，因为班里多了几个"女穆铁柱"，女生们无形之中就更神气了。

　　校学生会主席上学期末转学走了，所以这学期刚开学，就发了一个候选人名单，让每班从中选一个人当主席。班委会征求大家意见，大家全说无所谓，主要是那一长串名单中，全是陌生的。有的同学乱开玩笑，说决定选席慕蓉，因为她文笔美。

　　最后，大家都说，由班委会决定。

　　下午，班委会约定二点在教室开会，可到了二点整，教室里空荡荡的只有贾里一个人。这帮人，要是在军队里，准得关禁闭。到了二点过五分，陈应达的请假条到了，是托他的一个邻居带来的，他只是说，由大家代表他——也不问问大家是否愿意代表他，这个专啃英语书的家伙！

　　那三个女班委，平心而论，比陈应达优秀一些，她们一点三刻就到了，但等了几分钟便被墙外的吆喝声吸引过去。（表现了女生爱购物、逛街的特点。）贾里他们的新教室紧挨着校园的厚墙，墙外是一条狭窄的马路，不通公共汽车，基本上是条步行街，很安静。可这个寒假里，倚墙新搭了个售货铺，主要卖各种各样的电器小商品，也卖抢手的东西，吃的用的应有尽有。于是，教室里整日都能听见做生意的对话！

　　"这个汗衫好，是32支的，透气性好……"

　　"喂，这个插座便宜些卖不卖？"（语言描写生动可信，富有生活气

息。)

那三个女班委就是被那些广告招徕去的！这一次，她们步调一致。

到了二点二十分，鲁智胜才骑着自行车拎着个大提兜晃晃荡荡地骑进校园，随后，那三个女班委饱览了商品信息后脸儿通红地回来，讨论才算开始。❋

——节选自《男生贾里》第八章《选举风波》

我要做好孩子

黄蓓佳/著
湖北少儿出版社

这是一部适合少年儿童和家长、老师共同阅读的长篇小说。

黄蓓佳（1955— ），当代作家，江苏如皋人。从1973年在上海《朝霞》丛刊发表处女作《补考》起，至今发表长、中、短篇小说、散文随笔、儿童文学、电影和电视剧本五百余万字。其中儿童长篇小说《我要做好孩子》、《今天我是升旗手》分别获得中宣部精神文明建设"五个一工程"奖、全国优秀儿童文学奖、宋庆龄儿童文学奖、全国优秀少儿图书奖、冰心图书奖等奖项。

认识这本书

《我要做好孩子》出版后，荣获第六届江苏优秀图书特别奖、第五届宋庆龄儿童文学奖提名奖、第四届全国优秀儿童文学奖。

本书的主人公是一个叫金铃的六年级小学生，她是一个成绩中等、机敏、善良、正直的胖嘟嘟的可爱的女孩子。为了做一个让家长、老师满意的"好孩子"，她作了种种努力，并为保留心中那一份天真、纯洁，和家长、老师作了许多"抗争"。最后，她和同学们一起充满信心地走进升学考试的考场……

小说艺术地展现了一个小学毕业生的学校、家庭生活，形象，语言流畅，富有鲜明的时代特色和浓郁的生活气息，并能给读者以思考和启迪。

精彩片段赏读

邢老师一再叮嘱金铃她们说："强化班的事，千万别对同学说出去。区教育局不准这么干。再说，参加的人多了，就不叫'强化'了。"

几个女孩子很庄严（"庄严"一词很有表现力，把女孩子们郑重其事的样子刻画了出来。）地点头。

说起来也是怪，班上学习成绩拔尖的都是女孩子。曾经有一个男孩子也不错，个子矮矮的，皮肤白白的，文静得像小姑娘。金铃从一年级开始就跟他同桌。金铃爱说话，心里的感想特别多，总想找机会倾泻出来一些，上课也不例外，否则就不舒服，肚子憋得要爆炸。那男孩子却是任凭金铃如何表演独白或者对白，始终端坐不动、稳如磐石。老师说这孩子定力太好了，将来会是个了不得的角色。金铃却认定他做和尚最合适，盘腿坐起来像尊佛。（老师和金铃对这个男孩子的看法不同，却十分符合各自的身份特点，小说因此显得生动活泼。）

可惜，四年级的时候，男孩子转学到加拿大去了。他爸爸在那儿拿到了绿卡。金铃现在的同桌叫尚海，个子比金铃整整矮了一肩，体重也只有金铃的一半，是个袖珍型的"男子汉"。两个人走到一块儿，金铃像只胖胖的大白鹅，尚海就像只围着大白鹅跳来跳去的小公鸡。（比喻形象，两人外形的对比达到了强烈的幽默效果。）可是两个人还挺要好，因为金铃天生有点小母亲的意识，喜欢保护一切比她弱小的人，只要有人欺侮了尚海，金铃就横眉竖眼地站出来了，肩膀一扛把那人撞出去，嘴里说："想干什么想干什么？"（神态、动作、语言描写形象生动，有力地刻画了金铃爱打抱不平的性格。）很少有人敢跟身高力大的金铃较劲，况且她在道义上还占着上风。

这天是星期三，下午放学照例比平常早一些。尚海用讨好的语气对金铃说："我们去看看画书吧？我家门口的书摊上到了好多《美少女战士》的画书。"

金铃惊喜地说："真的？"背上书包就跟尚海走。

金铃最喜欢画美人，《美少女战士》里的人物一个比一个漂亮，是金铃最迷恋和崇拜的一套画书。

金铃才出校门就想起了一件事，停住脚步说："不行，我不能跟你去。"

尚海求情一般地说："去吧，保证震你。书摊老板我认识，他会让你多看一会儿的。"

金铃说："我得回家做作业，晚上要去邢老师宿舍补课。"

话才出口，她吓得捂住了嘴：天哪！怎么把这事说出来了！❀

——节选自《我要做好孩子》中《好孩子，坏孩子》

秘密花园

[美国]弗·霍·伯内特/著
张建平/译
上海译文出版社

> 这是一个关于大自然的魔法和人类美好心灵的故事。
>
> ——《时代周刊》

弗朗西斯·霍奇森·伯内特（Frances Hodgson Burnett，1849—1924），英语世界中家喻户晓的儿童文学作家，出生于英国，1865年移居美国。因为家境贫困，伯内特从十几岁开始就撰写短篇小说与故事，以赚稿费贴补家用。她一生著有50部小说与故事集，但人们至今仍在广泛阅读的还是她的三部儿童小说，即《小爵爷》、《秘密花园》、《小公主》。

认识这本书

伯内特从小喜欢植物。1909年，她在纽约长岛布置自己的花园时，突发灵感，构思出《秘密花园》。这本小说初版于1911年，并成为她最著名、最成功的作品。

性格孤僻的小姑娘玛丽在父母双亡后，被送到了一座笼罩着神秘气氛的庄园里。在那里，她遇到了精灵式的男孩狄肯和脾气古怪的柯林。柯林也是个不幸的孩子，刚出生母亲就去世了，父亲从此郁郁寡欢，常年在国外游历，几乎把他忘了。柯林自小体弱多病，十岁了还不能单独行动。

这三个孩子碰到一起时，孩子心中天真无邪的天性得以舒展。最后，在狄肯的帮助下，玛丽和柯林不仅摆脱了噩梦一般的生活，连柯林的父亲也恢复了对生活的热爱。

所以，这是一本关于友谊、决心和毅力的书，里面充满了对生命的热爱和激情，展示了态度如何决定人的生活。

精彩片段赏读

　　玛丽·伦诺克斯被送到米塞斯维特庄园她姑父那儿去住的时候，谁都说比她模样更不讨人喜欢的孩子还真是没见到过。这说的也是大实话。她一张小脸尖瘦尖瘦的，身子也是又细又瘦，浅色头发又稀又薄，还老哭丧着脸。头发发黄不说，连脸色也是黄蜡蜡的，那是因为她出生在印度，从小就这病那病不断。（通过"尖瘦尖瘦"、"又细又瘦"、"又稀又薄"、"黄蜡蜡"几个形容词，生动地刻画出了小玛丽的形象。）她父亲在当地的英国政府机构里当差，总是不得空闲，而且他自己也老是病恹恹的；她母亲倒是个大美人，只是光惦记着到处去参加舞会，跟那些喜欢嘻嘻哈哈的人一起寻欢作乐。她根本没想要生这个小女孩，玛丽一生下来她就将婴儿交给了一个土著阿妈全权看管，并且还让这个阿妈明白，要想讨得女主人的欢心，最好的办法就是尽量少让太太见到小娃娃。因此，当玛丽还是襁褓中一个病病歪歪、脾气乖戾、相貌难看的小毛头时，她老是被藏藏掖掖的；等这个病病歪歪、脾气乖戾、相貌难看的小东西都会跌跌撞撞地走路了，她还是被藏藏掖掖的。除了她的阿妈跟其他几个土著仆人那几张黝黑的脸之外，她印象中根本就没有什么熟悉的人影，而他们对她又总是百依百顺、唯命是从的，因为要是孩子一不高兴哭闹起来，打扰了女主人，太太发起脾气来，整个宅子又要不得安宁了。由于有这样的情况，到她六岁的时候，她已经变成一头非常不讲道理与自私自利的小野猪了。（把玛丽比喻成小野猪，形象生动。）请来教她念书识字的那位年轻的英国家庭女教师很不喜欢她，勉强教了三个月就辞职不干了，别的女教师也来试过，但是走得比第一位更快。因此倘若不是玛丽自己恰好想学会念书，那她就永远都是个大文盲了。

　　她大约九岁的时候，大清早天气就热得邪门，她一醒来就已经觉得很烦躁。睁开眼睛，她看到站在床边的佣人并不是每天都来伺候她的那个阿妈。

　　"你来干什么？"她对那个陌生女人说，"我不要你在这里。去叫

我的那个阿妈来呀。"

那个女人显出很害怕的模样，她只是结结巴巴地说阿妈来不了。玛丽火冒三丈，对着那女人又是踢又是打，（进一步表现了玛丽的蛮横任性。）那女人显得更害怕了，再一次重复说要阿妈上小主人这儿来是根本做不到的。

——节选自《秘密花园》第一章《一个也没剩下》

窗边的小豆豆

[日本]黑柳彻子/著
赵玉皎/译
南海出版公司

《窗边的小豆豆》值得每一位教师和父母珍藏和精读。

——《羊城晚报》

　　黑柳彻子（1932—　　），日本著名作家、著名电视节目主持人、联合国儿童基金会亲善大使。

认识这本书

　　《窗边的小豆豆》1981年出版后，不仅在日本，而且在全球都引起了极大的反响，成为日本历史上销量最大的一本书。1984年，联合国的官员在读完该书后，认为"这个人这么了解孩子的心理，再也没有比她更合适的人选了"，因而任命她为联合国儿童基金会亲善大使。

　　故事大约发生在20世纪40年代初的东京。那是第二次世界大战的中后期，整个世界到处弥漫着战火、苦难和仇恨。本书讲述了作者上小学时一段真实的故事。小豆豆因为淘气被原来的学校退了学，来到巴学园。在这座叫"巴学园"的奇怪学校里，孩子们用废弃的电车车厢做教室，按自己喜欢的顺序自由学习各个科目。他们都没有固定的座位，不同年级的学生也可以坐在一起。校长会要求大家自带有"山的味道"（蔬菜、肉类）和"海的味道"（鱼、海味）的午饭，也会自己策划稀奇古怪的项目，如让每个孩子都能发挥特长的运动会……俯拾即是的都是新鲜动人的场景，小豆豆也就在这所崇尚自然教育、顺应孩子们自由天性的小学里健康成长，直到1945年学校毁于战火。

　　本书始终保持着第一人称的自述，字里行间都是孩童的逻辑、孩童般单纯直白的言语。

精彩片段赏读

　　但是，这天上课前，小豆豆去了一次厕所，终于忍不住又往下看了看。就在这时候，那个宝贝钱包"啪"一下掉了进去，可能是本来就没塞进去的缘故吧。小豆豆惊叫一声："啊——"

　　再看的时候，下面黑乎乎的，钱包再也看不见了。

　　但是小豆豆没有哭闹，"怎么会这样呢"，也没有干脆放弃，不要那个钱包了，而是立刻跑到校工（即现在的学校里的勤杂工）叔叔放工具的库房里，扛了洒水用的长把舀子出来。（小豆豆的举动表明她是一个很有主见，有独立精神的孩子。）小豆豆还很矮小，舀子的长把足有两个小豆豆高，但这没有关系。小豆豆在校园深处转来转去，寻找厕所的掏口。本来以为会在厕所外墙的附近，但怎么找也找不到。好不容易，小豆豆发现在离外墙有一米左右的地面上，有一个圆形的混凝土盖子。这个地方无论如何该是掏口了吧，小豆豆这么判断。总算使劲地把盖子移开了，下面出现了一个深深的洞口，果然就是厕所的掏口。小豆豆趴下看了看，说："好像有九品佛的水池那么大啊。"

　　于是，小豆豆开始了她的浩大工程。把长把舀子伸到掏口里面，开始向外面舀起来。一开始，小豆豆估计了一下钱包掉落的位置，尽可能地舀那附近的，但是便池又深又黑，而且厕所是用三扇门隔开的，而下面却只有一个池子，可以想见便池非常大。所以，如果小豆豆的头探得太深了，就有掉进去的危险。于是小豆豆也不管是哪个方位了，只顾挖起来。挖出来的东西，她就堆在掏口周围。当然，每挖出一舀子，小豆豆都要检查一下钱包会不会混在里面。本来以为很快就会找到钱包，但是钱包好像藏在什么地方了，总是不肯露面。这时候，上课的铃声响了。"怎么办呢？"小豆豆想："好不容易干到这里了……"索性又接着干了下去。而且，她比刚才更加卖力地舀了起来。

　　舀出来的东西已经堆成了一座小山。（夸张手法，表明小豆豆干活很卖力。）这时候，校长先生走过这条小路。他看到小豆豆正在忙活着，问：

　　"你在干什么呢？"

　　小豆豆顾不得停下手里的活儿，一边舀一边答道："我的钱包掉到池子里面了。"

　　"是吗？"

　　说着，校长先生把手背在身后，就像平时散步那样，又走开了。❋

——节选自《窗边的小豆豆》中《校歌》

两个伊达

[日本]松谷美代子/著

彭　懿/译

接力出版社

> 作为连接现在与过去的地点，松谷美代子创造了一个超越空间与时间的另外一个世界——幻想小说的世界。
>
> ——砂田弘

松谷美代子（1926—　）日本儿童文学作家。她是日本获得儿童文学奖项最多的女作家之一，作品《变为贝壳的孩子》获儿童文学新秀奖，《龙子太郎》获讲谈社儿童文学新人奖，后又因描写反对原子战争的童话《两个伊达》荣获为国际儿童年而设立的特别安徒生奖。此外，她还获过"IBBY"优秀图书奖等。

认识这本书

《两个伊达》1969年在日本出版，至今畅销不衰，获1979年国际儿童年纪念特别安徒生奖，被选为日本全国学校图书馆协会选定图书。

本书主人公是一个小学四年级的男孩直树，他和不满3岁的妹妹勇子（勇子的小名即是"伊达"）在外公家渡假。第二天，直树偶然发现了一把会走路的椅子，更意外的是椅子竟然和勇子像老朋友一样。原来椅子20年来一直在等待一个叫"伊达"的小女孩和她的外公（椅子的制造者）。因为，勇子平时喜欢称自己为伊达，所以小椅子认定勇子就是小伊达。

书中模拟儿童的视角和语言，讲述了一个关于原子弹爆炸的悲剧。这对小兄妹跨越时空来到"二战"中的广岛，在经历了悲惨的战争的同时，也学到了生命的价值与尊严。

157

精彩片段赏读

　　城镇的白色土墙一眼望不到尽头。土墙上砌着青瓦，好像列队而立的古代士兵们在雄辩地告诉人们这确实是一座王侯曾经居住过的古城。直树走过这段漫长的土墙来到护城河边上。朝下一看，河面上有一片水草。纤细的草茎上生长着淡绿色的垂柳般的叶子，相互纠葛，连成一片，把水面遮得密密实实。火红的夕阳虽然快要落山了，却依旧放射出灼热的余晖。那余晖映照在覆盖着水草的水面上，又从水草的缝隙里折射出鳞鳞金光，整个护城河犹如一幅缀满宝石的绿色地毯。（景物描写，细致生动。）

　　直树不知道自己在河岸上站了多久，当他从迷人的景色中醒悟过来时，仿佛听见什么东西从他脚下咯噔咯噔地走过去的声响，同时还有小声说话的声音："没有，没有，没有……没有……"（反复，传达出一种无限失望的情绪。）

　　声音低沉、嘶哑，但无论怎么听，都觉得就在附近不远。直树格外小心地从脚下寻找起来，原来是一把椅子，是一把小巧玲珑带靠背的圆椅子。对，要是勇子坐刚好合适。（为后文勇子和小椅子的见面埋下伏笔。）就是这把小木椅子拖着四条腿在护城河畔白色的道路上咯噔咯噔地走着……。直树看呆了，怎么也不相信会有这样的事，椅子能走路吗？然而，眼前的情景分明又不是在做梦！

　　"没有，没有，哪里也没有……"

　　椅子一边用低哑的声音嘟哝着，一边沿着夕阳残照的道路走着。沿着没有行人的寂静的河畔走着……直树木然地站着，目不转睛地盯着椅子。椅子宛如一位身材矮小而又上了年纪的老人嘻嘻哈哈地走远了，又忽然消失了。

　　"……"

　　直树张开嘴想说什么，但是没有发出声音来。他摇摇晃晃地走起来。两条腿好像灌满了铅似的，每迈一步都十分吃力，整个身体似乎没有前进。（心理描写，写出了直树的惊恐。）

"凝固了，空气凝固了！在这果子酱般的空气里要往前走是困难的。"直树一边拨开沉重而黏糊糊的空气，吃力地向前走去，一边在心里反复这么想着。太阳终于隐去了，缀满宝石的绿色"地毯"立刻黯然失色，变成了一片模糊不清的暗绿色，它好像也要睡觉了。直树费力地走着，在椅子消失的地方停住了脚步。✹

——选自《两个伊达》第二章，原题为《会走路的椅子和神秘的房子》

159

草房子

曹文轩/著
作家出版社

> 这是一部"追求永恒之作"。
>
> ——评论家 张美妮

曹文轩（1954— ），出生于江苏盐城。中国作家协会委员、北京作家协会副主席、北京大学教授、博士生导师。主要文学作品集有《忧郁的田园》、《红葫芦》、《蔷薇谷》、《追随永恒》、《三角地》等。长篇小说有《山羊不吃天堂草》、《草房子》、《红瓦》、《根鸟》、《细米》等。其中《草房子》更是神品妙构之作，作者也因此荣获国家文学奖，小说的电影版权已被日本一家知名公司买断。

认识这本书

　　这部少年小说讲述了一个发生在20世纪60年代初的水乡小学的故事。故事里有欢笑，也有少年的忧郁，有大喜也有大悲。作品写了令男孩桑桑刻骨铭心、终身难忘的六年小学生活。六年中，他亲眼目睹或直接参与了一连串看似寻常但又催人泪下的故事：少男少女之间毫无瑕疵的纯情，不幸少年与厄运相拼时的悲怆与优雅，垂暮老人在最后一瞬所闪耀的人格光彩，在死亡体验中对生命的深切而优美的领悟，大人们之间扑朔迷离且又充满诗情画意的情感纠葛……这一切，既清楚又朦胧地展现在少年桑桑的世界里。这六年，是他接受人生启蒙教育的六年。

　　曹文轩的文笔非常优美，清新之中透出典雅的气质。这使得作品格调高雅，自始至终充满美感。叙述风格谐趣而又庄重，整体结构独特而又新颖，情节设计曲折而又智慧。

精彩片段赏读

　　秃鹤与桑桑从一年级开始，一直到六年级，都是同班同学。

　　秃鹤应该叫陆鹤，但因为他是一个十足的小秃子，油麻地的孩子，大家就都叫他为秃鹤。秃鹤所在的那个小村子，是个种了许多枫树的小村子。每到秋后，那枫树一树一树地红起来，红得很耐看。但这个村子里，却有许多秃子。他们一个一个地光着头，从那么好看的枫树下走，就吸引了油麻地小学的老师们停住了脚步，在一旁静静地看。那些秃顶在枫树下，微微泛着红光。遇到枫叶密集，偶尔有些空隙，那边有人走过时，就会一闪一闪地亮，像沙里的瓷片。（比喻生动形象，又充满幽默感。）那些把手插在裤兜里或双臂交叉着放在胸前的老师们，看着看着，就笑了起来，也不知道是什么意思。

　　秃鹤已许多次看到这种笑了。

　　但在桑桑的记忆里，秃鹤在读三年级之前，似乎一直不在意他的秃头。这或许是因为他们村也不光他一个人是秃子，又或许是因为秃鹤还太小，想不起来自己该在意自己是个秃子。秃鹤一直生活得很快活。有人叫他秃鹤，他会很高兴地答应的，仿佛他本来就叫秃鹤，而不叫陆鹤。

　　秃鹤的秃，是很地道的。他用长长的好看的脖子，支撑起那么一颗光溜溜的脑袋。这颗脑袋绝无一丝疤痕，光滑得竟然那么均匀。阳光下，这颗脑袋像打了蜡一般亮，让他的同学们无端地想起，夜里它也会亮的。（在作者的生花妙笔下，秃鹤的秃头被描写得如此生动和优美，读者们是不是也有想抚摸一下的冲动呢？）由于秃成这样，孩子们就会常常出神地去看，并会在心里生出要用手指头蘸一点唾沫去轻轻摩挲它一下的欲望。事实上，秃鹤的头，是经常被人抚摸的。后来，秃鹤发现了孩子们喜欢摸他的头，就把自己的头看得珍贵了，不再由着他们想摸就摸了。如果有人偷偷摸了他的头，他就会立即掉过头去判断，见是一个比他弱小的，他就会追过去让那个人在后背上吃一拳；见是一个比他有力的，他就会骂一声。有人一定要摸，那也可以，但得付秃鹤一点东西：要么是一块糖，要么是将橡皮

或铅笔借他用半天。（对秃头被摸的不同态度，描写生动真实，富有童趣。）桑桑用一根断了的格尺，就换得了两次的抚摸。那时，秃鹤将头很乖巧地低下来，放在了桑桑的眼前。桑桑伸出手去摸着，秃鹤就会数道："一回了……"桑桑觉得秃鹤的头很光滑，跟他在河边摸一块被水冲洗了无数年的鹅卵石时的感觉差不多。❀

——节选自《草房子》第一章《秃鹤》

长腿叔叔

[美国]琼·韦伯斯特/著

刘　超/译

中国妇女出版社

阅读本书最大的收获是感悟温情与爱。

　　琼·韦伯斯特（1876—1916），出生于美国纽约州一个充满文艺气息的家庭。父亲从事出版工作。母亲是美国著名作家马克·吐温的侄女。在女子大学读书期间，她常常到孤儿院等慈善机构做社会服务工作。她这段时间的所见所闻，为日后的创作积累了丰富的素材。她一生共创作了8部小说和许多未能出版的故事和剧本。作品多以孤儿院为主题，风格朴实、清新、机智。

认识这本书

　　《长腿叔叔》是一本充满惊喜、温馨与爱的青春读本，法国《读书》周刊评选其为"有史以来人类最佳读物"第八名。

　　书中通过书信的形式向读者展现了一个孤女四年多的学习和生活。主人公朱蒂是一个孤儿，从小在孤儿院里长大。在她十八岁那年，得到一位"长腿叔叔"的资助而上了大学。从此，在长达四年的时间里，她一直给这位素未谋面的叔叔写信。朱蒂是一个非常独立、自尊心很强的姑娘，虽然得到了别人的帮助，但是她始终努力学习，最后获得了学校的奖学金，并立志成为一个作家。同时，她还利用暑假给低年级的学生做家教。在这个过程中，她也得到了两位男性朋友的青睐，最后，让她意想不到的事情发生了。原来，在这两位男性朋友中，有一位正是她一直给写信的"长腿叔叔"。

　　书中的信写得很平常，但却质朴真挚，感人至深。评论家认为该书"洋溢着惊喜、温馨、怀旧的阳光"，是"所有成长中、恋爱中、迷失中的男女必读的好书"。《长腿叔叔》在美国、韩国、日本等国家都被改编制作成了电影和动画片。

精彩片段赏读

亲爱的长腿叔叔：

天啊！纽约真大不是吗？您要告诉我，您真的住在那么嘈杂、人潮汹涌的环境里吗？（反问而略带夸张的语气，表达了"我"迫不及待地想把自己的见闻向长腿叔叔倾诉的心情。），我不相信几个月之内我能抹去这两天对我的影响。我等不及要告诉您，我所见的那一切美好的事物；不过我猜您都知道的，因为您自个儿就住在那里。

不过那些街道真有趣，不是吗？还有那些人？还有那些商店？我从没看过窗户里有这么多美丽的东西。

莎丽、茉莉亚和我星期六早上一起去购物。茉莉亚带我走进我生平所见最美好的地方。一个完美无瑕的金发小姐和一袭黑丝的曳尾裙，挂着一个欢迎的微笑来接待我们。我以为我们要做一个社交拜访，所以就开始握手，不过似乎我们只是要买帽子而已。我无法想象人生还有什么比坐在试穿镜前面，买下任何一顶你选上的帽子，而不用考虑到钱的问题，还要更快乐的。（夸张的语言，为的是向"长腿叔叔"表达一个女孩子初到大城市，自由购物带来的真实的快乐。）

我们采购完之后，就在雪莉饭店与杰夫主人会合。我想您应该去过雪莉饭店吧？我拿错叉子来吃鱼，他们非常友善地给我另一把，所以都没人发现。

用过午餐，我们前往剧院——它真是又壮丽又神奇，我无法相信我就置身其中。我每晚都梦见的地方。

莎士比亚真棒，不是吗？

《哈姆雷特》在舞台上比我们学的还好得多；我以前是喜欢它，不过现在，天啊！

我想如果您不介意，我想去演戏而不当作家了。您会不会希望我离开大学而转去戏剧学校呢？我会在我表演时，为您保留一个包厢，而且从舞台上对您笑一笑。请您，只需在外衣上别上一朵红玫瑰，这样我就能确

定我笑对了人。（表达了"我"对"长腿叔叔"无比真挚而纯洁的感情。）如果我搞错了人，那可真糟。

我们是星期六晚上回来的，在火车上用晚餐，小桌子有盏粉红色的台灯，一个黑人侍者。我以前从没听过火车上有提供餐点的，没多想就冲口这么说。

"你到底在哪儿长大的？"茉莉亚问我。

"一个小村庄。"我轻轻地回答茉莉亚。

"不过你都没旅行过吗？"她问我。

"在上大学之前没有，而且只有160公里远，所以我们没在车上用过餐。"我对她说。❀

——节选自《长腿叔叔》第三十四章

城南旧事

林海音/著
人民文学出版社

全书在淡淡的忧伤中弥漫着一股浓浓的诗意，让人流连忘返。

林海音（1918—2001），中国现代著名女作家。生于日本大阪，3岁随父母返回台湾，5岁来到北京，在北京度过了童年与青年时期，北京是她文学之路的起点。1948年，她举家迁往台湾，在台湾仍以办报、办刊、写作、出版为主，提携了大量台湾的文学青年，出版了众多文学名作，被称为台湾文学"祖母级的人物"。

认识这本书

　　《城南旧事》是以作家林海音7岁到13岁的成长经历为背景的一部自传体短篇小说集，曾被评选为亚洲周刊"20世纪中文小说一百强"。
　　小说描写了20世纪20年代，北京城南一座四合院里，住着英子温暖和睦的一家。它透过主角英子童稚的双眼，向世人展现了大人世界的悲欢离合，书中有一种说不出来的天真，却道尽了人世复杂的情感。

精彩片段赏读

　　惠安馆的疯子我看见好几次了，每一次只要她站在门口，宋妈或者妈就赶快捏紧我的手，轻轻说："疯子！"我们便擦着墙边走过去，我如果要回头再张望一下时，她们就用力拉我的胳臂制止我。其实那疯子还不就是一个梳着油松大辫子的大姑娘，像张家李家的大姑娘一样！她总是倚着门墙站着，看来来往往过路的人。

　　是昨天，我跟着妈妈到骡马市的佛照楼去买东西，妈是去买擦脸的鸭蛋粉，我呢，就是爱吃那里的八珍梅。我们从骡马市大街回来，穿过魏染胡同、西草厂，到了椿树胡同的井窝子，井窝子斜对面就是我们住的这条胡同。刚一进胡同，我就看见惠安馆的疯子了，她穿了一件绛紫色的棉袄，黑绒的毛窝，头上留着一排刘海儿，辫子上扎的是大红绒绳，她正把大辫子甩到前面来，两手玩弄着辫梢，愣愣地看着对面人家院子里的那棵老洋槐。（寥寥几笔，勾勒出了英子眼中的疯子形象，不但不让人感到害怕，反而有些可爱。）干树枝子上有几只乌鸦，胡同里没什么人。

　　妈正低头嘴里念叨着，准是在算她今天共买了多少钱的东西，好跟万事不操心的爸爸报账，所以妈没留神已经走到了"灰娃馆"。我跟在妈的后面，一直看疯子，竟忘了走路。这时疯子的目光从洋槐上落下来，正好看到我，她眼珠不动地盯着我，好像要在我的脸上找什么。她的脸紫得发青，鼻子尖有点红，大概是冷风吹冻的，尖尖的下巴，两片薄嘴唇紧紧地闭着。忽然她的嘴唇动了，眼睛也眨了两下，带着笑，好像要说话，弄着辫梢的手也向我伸出来，招我过去呢。（对疯子的神态表情描写十分生动传神，如在读者眼前。）不知怎么，我浑身大大地打了一个寒战，跟着，我就随着她的招手和笑意要向她走去。——可是妈回过头来了，突然把我一拉："怎么啦，你？"

　　"嗯？"我有点迷糊。妈看了疯子一眼，说："为什么打哆嗦？是不是怕——是不是要溺尿？快回家！"我的手被妈使劲拖拉着。

　　回到家来，我心里还惦念着疯子的那副模样儿。她的笑不是很有意思

吗？如果我跟她说话——我说："嘿！"她会怎么样呢？我愣愣地想着，（英子惦念疯子的心理活动描写真实可信，符合其年龄特点。）懒得吃晚饭，实在也是八珍梅吃多了。但是晚饭后，妈对宋妈说："英子一定吓着了。"然后给我沏了碗白糖水，叫我喝下去，并且命令我钻被窝睡觉。

——节选自《城南旧事》中《惠安馆》第一节

女儿的故事

梅子涵/著
少年儿童出版社

一个应该讲给很多爸爸和妈妈听的故事。

梅子涵（1949— ），儿童文学作家，祖籍安徽省旌县，出生在上海。1979年开始走上儿童文学创作道路，他为儿童写了几十部书籍，如《女儿的故事》、《戴小桥和他的哥们儿》等。作为儿童文学教授、博士生导师，他为儿童文学事业培养人才作出了很大贡献。

认识这本书

  书中的女儿生于20世纪80年代初，本书主要描写了她中小学的经历。这个阶段可以说是应试教育的顶峰阶段。一般描写这一阶段中小学生生活的书，要么是学生自己写的，一提起校园生活就是一副被社会、应试体制、学校和家长亏欠的愤恨之态；要么是家长写的，写自己如何在社会、应试体制和学校的几重压迫下不得已压迫自己的孩子。总之，都是苦大仇深的。这部作品却不同，它很幽默。虽然作者也会表露无奈，但却接受现实。女儿以及女儿的同学、表兄弟姐妹的生活，固然有辛苦，但也不乏各种各样的乐趣。父母和儿女之间会有观点看法的不同，父母也会因为担心孩子有些过激的举动，但毕竟都是亲人之间的摩擦。就算是擦出火花，也只是使亲人之间的亲情更深而已。

精彩片段赏读

当大队长最神气的事是星期一主持升旗仪式。下雨不升天晴升。天晴的星期一梅思繁精神抖擞。她宣布升旗仪式开始国歌就响了。她声音响亮，站在我们住的第九宿舍窗口听得清清楚楚。但是我怀疑她又驼背了。她有一个坏习惯，站着坐着都要驼背。当然是有一点驼，不是拼命驼，可是有一点驼已经难看得要死。我总吼她："又驼了！"——她便立即挺起来。可是一会儿又驼了。我就趁着她驼的时候猛地往她背上去一巴掌，她说："啊哟哇啦！"后来，她门槛精了，我刚要击一巴掌，她已经立即不驼了，笔挺笔挺，我的手只好半途而废。我说，你看，笔挺笔挺多好看，为什么要驼！

她说，你自己也驼的！

我说，我什么时候驼的！——我就笔挺笔挺给她看。

她说，你刚才驼的！

我说，好，大家不驼。（父女俩关于驼背的争执，体现了父女间朋友般亲密的感情，语言轻松幽默。）

我们俩就都笔挺笔挺。

有的时候，走在路上，就这样一会儿"猛击一掌"，一会儿"笔挺笔挺"，烦得要命。

我说，你升旗仪式的时候千万不要驼！

她总说，噢！

但是我看不见。我就把这个任务交给了曹迪民。曹迪民比梅思繁低一个年级，住在我们对面的楼里。因为他爸爸跟我挺哥们儿，所以弄到后来，他跟我也有点挺哥们儿了。我是打电话向曹迪民布置任务的，我说："曹迪民，交给你一个任务，星期一升旗的时候，你看看梅思繁有没有驼背。"

他说："什么看看梅思繁有没有驼背啊？"

"就是她站在台上的时候胸有没有挺起来，还是背有一点驼的。"

他说："梅子涵叔叔，我的背也有一点驼的。"

我说："你那不叫驼，而是叫坍。"他太胖了，站着的时候，肚子和腰要往一边坍下去。

"梅子涵叔叔，那么我眼睛不大好，看不清楚怎么办？"

"你反正尽能力看，争取看清楚！"

"要是我前面有人挡住，我就踮起脚看！"

我打电话给他："曹迪民，看清楚了吗，梅思繁背驼不驼？"

他说："看不见的，她是面对着我们，不是背对着我们。"

我说："你真是个笨蛋，面对着你就看不见了？！"

他说："梅子涵叔叔，面对着我是看不见的。"（"我"与曹迪民的对话描写如喜剧小品对白一般，两人总是说不到一块，显得滑稽可笑，让人看后忍俊不禁。）

没有办法，我就只好仍旧自己问梅思繁，提醒梅思繁："今天背驼了吗？""背不要驼噢！"她总说："没有。""噢！" ✵

——节选自《女儿的故事》

171

芒果街上的小屋

[美国]桑德拉·希斯内罗丝/著

潘 帕/译

译林出版社

> 一部令人深深感动的小说……轻灵但深刻……像最美的诗，没有一个赞词，开启了一扇心窗。
>
> ——《迈阿密先驱报》

桑德拉·希斯内罗丝（1954— ），美国当代著名女诗人，墨西哥裔。1954年出生于芝加哥，此后她便随父母不断奔波于芝加哥与墨西哥城之间。漂泊让她变得如同《芒果街上的小屋》中的厄斯珀伦萨，很早就意识到自己的边缘地位，变得内向害羞。父亲和六个兄弟都希望她成为传统的家庭妇女，更让她感到压抑的是，她觉得家里"好像有七个父亲"，渴望早日获得自由。成年后她开始以女性的视角对拉丁裔聚居区作一个全新的诠释，于是创作了这本《芒果街上的小屋》。

认识这本书

《芒果街上的小屋》出版的次年便获得前哥伦布基金会美国图书奖，并很快成为一本广受欢迎的超级畅销书。

它是一组献给记忆的抒情短歌，一本记录着成长经历的少女日记，也是一部献给移民的——特别是那些处于边缘地位的拉丁裔女性的赞美诗。全书共由44个相对独立的短篇构成，所有故事基本发生在一条叫芒果街的芝加哥小街上，它们的记录和讲述者，是一个名叫厄斯珀伦萨的墨西哥裔小女孩。从她记事以来，全家始终住在芝加哥的拉丁裔聚居区，每年都搬一次家，却始终得不到一所"大房子"。生活的艰辛使她增强了对弱的同情心和对美的感知力，她用清澈的眼睛打量周围的世界，用美丽稚嫩的语言讲述成长，讲述沧桑，讲述生命的美好与不易，讲述年轻的热望和梦想，梦想着有一所自己的房子，梦想着在写作中追寻自我，获得自由和帮助别人的能力。

精彩片段赏读

很可能我会去地狱，很可能我该去那里。妈妈说我出生的日子不吉利，并为我祈祷。露西和拉切尔也祈祷。为我们自己也为相互之间……为我们对卢佩婶婶做的事情。

她的全名叫古尔妲·卢佩。她像我妈妈一样漂亮，暗色皮肤，十分耐看；穿着琼·克劳馥式的裙子，长着游泳者的腿。那是照片上的卢佩婶婶。

可我知道她生病了，疾病缠绵不去。她的腿绑束在黄色的床单下面，骨头变得和蠕虫一样软弱。黄色的枕头，黄色的气味，瓶子勺子。她像一个口渴的女人一样向后仰着头。（照片上卢佩婶婶的漂亮与病床上的虚弱形成鲜明对比，让人心生怜悯并感叹命运的无情。）我的婶婶，那个游泳者。

很难想象她的腿曾经强健。坚韧的骨，劈波分浪，动作干净爽利，没有像婴儿的腿那样蜷曲皱缩，也没有淹滞在黏浊的黄光灯下。二层楼背面的公寓，光秃的电灯泡，高高的天花板，灯泡一直在燃烧。

我不知道是谁来决定谁该遭受厄运。她出生的日子没有不吉利，没有邪恶的诅咒。头一天我想她还在游泳，第二天她就病了。可能是拍下那张灰色照片的那天，也可能是她抱着表弟托奇和宝宝弗兰克的那天，也可能是她指着照相机让小孩们看、可他们不看的那一刻。

也许天空在她摔倒的那天没有看向人间，也许上帝很忙，也许那天她入水没入好伤了脊椎，也许托奇说的是真的，她从高高的梯凳上重重地摔了下来。（为卢佩婶婶的疾病设想种种理由，表明"我"对她的深厚感情，不愿接受和面对她生病的事实。）

我想疾病没有眼睛，它们昏乱的指头会挑到任何人。比如我的婶婶，那天正好走在街上的婶婶，穿着琼·克劳馥式裙子，戴着缀有黑羽毛的、滑稽的毡帽，一只手里是表弟托奇，一只手里是宝宝弗兰克。

有时你会习惯病人，有时你会习惯疾病，如果病得太久，也就习以

为常了，她的情况就是这样。或者这就是我们选择她的原因。

那是一个游戏，仅此而已。我们每天下午都玩的游戏，自从某一天我们中的一个发明了它。我不记得是谁，我想那是我。✳

——节选自《芒果街上的小屋》中《生辰不吉》一章

童 年

[苏联]高尔基/著
陈辽逸/译
人民文学出版社

《童年》为什么长久地、永不泯灭地留在人们心田并激发人们为美好的明天去奋斗呢?这里最好用高尔基自己的话来回答: "文艺的任务是要把人身上最好的、优美的、诚实的也就是高贵的东西表现出来,激起人对自己的自豪感和责任感,需要英雄人物的时代已经到来了。人们要从英雄的灵魂和躯体里汲取力量……"

——著名翻译家 戈宝权

高尔基(1868—1936),全名马克西姆·高尔基,列宁称他是"无产阶级文学最杰出代表"、社会主义现实主义文学奠基人、无产阶级革命文学导师、苏联文学的创始人。他出身贫苦,亲身经历资本主义残酷的剥削与压迫,并且这些对他的思想和创作发展具有重要影响。代表作有《海燕之歌》,自传体三部曲《童年》、《在人间》、《我的大学》等。

认识这本书

《童年》是高尔基自传体小说三部曲中的第一部,被视为苏联自传体小说的里程碑和批判现实主义文学的伟大成就。

小说真实描述了小主人公阿辽沙在父亲去世后,随母亲寄住在外祖父家的童年时光。在那段日子里,他得到了外祖母的疼爱、呵护,同时也亲眼目睹两个舅舅为争夺家产争吵打架以及外祖父在生活琐事中所表现出来的自私、贪婪。

高尔基不但是人物刻画的巨擘,同时还是情节构架的大师,阿辽沙曲折的成长经历、多舛的生活境遇让作品起伏跌宕,读来真实而又令人心生酸

楚。然而，他没有被艰辛、痛苦的生活所压倒，而是满怀信心，冲破了种种障碍与不幸，整部作品洋溢着强烈的乐观主义精神。

精彩片段赏读

　　这一天，外公突然来了。

　　他坐在床上，摸了摸我的头，他的手冰凉。

　　"少爷，怎么样？说话啊，怎么不吭声儿？"

　　我看也不看他一眼，只想一脚把他踢出去。（心理描写，表现了"我"对外公的厌恶。）

　　"啊，你看看，我给你带来了什么？"

　　我瞥了他一眼。

　　他摇头晃脑地坐在那儿，头发胡子比平常更红了，双眼放光，手里捧着一大堆东西：一块糖饼、两个糖角儿、一个苹果，还有一包葡萄干儿。

　　他吻了吻我的额，又摸了摸我的头。

　　他的手不仅冰凉而且焦黄，比鸟嘴还黄，那是染布染的。（对外公的手部进行细节刻画，在表现他的双手颜色时用了"鸟嘴"作比，极具讽刺效果。）

　　"噢，朋友，我当时有点过分了！

　　"你这家伙又抓又咬，所以就多挨了几下，你应该，自己的亲人打你，是为了你好，是要你接受教训！

　　"外人打了你，可以说是屈辱，自己人打了就没什么关系了！

　　"噢，阿辽沙，我也挨过打，打得那个惨啊！别人欺负我，连上帝都掉了泪！

　　"然而现在怎么样，我一个孤儿，一个乞丐母亲的儿子，当上了行会的头儿，手下有好多人！"

　　他开始讲他小时候的事，干瘦的身体轻轻地摇晃着，说得非常流

利。

他的绿眼睛放射着激动的光芒，红头发抖动着，（外貌描写，"绿眼睛"、"红头发"具有很强的视觉冲击力。）嗓音粗重了起来："啊，我说，你可是坐轮船来的，坐蒸汽船来的。"

"我年青的时候得用肩膀拉着纤，拽着船往上走。船在水里，我在岸上，脚下是扎人的石块儿！"

"没日没夜地往前拉啊拉，腰弯成了虾，骨头嘎嘎地响，头发都晒着了火，汗水和泪水一齐往下流！"（作者用白描的手法将纤夫劳作的场景描写得入木三分，表现了他们工作的沉重、艰辛，这种场景让人不由得想到俄国著名画家列宾的《伏尔加河上的纤夫》。）

"亲爱的阿辽沙，那可真是有苦没处说啊！

"我常常脸向下栽倒在地上，心想死了就好了，万事皆休！"

"可我没有去死，我坚持住了，我沿着我们的母亲河伏尔加河走了三趟，有上万俄里路！"

"第四个年头儿上，我终于当上了纤夫头儿！"

我突然觉着这个干瘦干瘦的老头儿变得非常高大了，像童话里的巨人，他一个人拖着大货船逆流而上！（外公突然从"干瘦干瘦的老头儿"变成了"童话里的巨人"，这说明他除了自私、冷酷、吝啬之外也有美好的一面，同时也暗含着沙皇专制社会对人的扭曲。）✹

——选自《童年》第二章

177

励志故事

草原上的小木屋

[美国]劳拉·英格尔斯·怀德/著

富彦国/译

浙江文艺出版社

美国最伟大的十部儿童文学名著之一。

劳拉·英格尔斯·怀德（1867—1957），美国20世纪著名儿童文学作家。生于美国中部威斯康星州的拓荒者家庭，幼年时随全家过着移民生活，曾到过西部各州，1894年定居密苏里州。65岁才开始独立进行儿童文学创作，倾力完成"小木屋"系列。该系列犹如一幅长画卷，再现了19世纪后半期美国西部的拓荒生活，刻画了移民勤劳、质朴、善良的品性和勇敢的精神。

认识这本书

《草原上的小木屋》是美国经典名著"小木屋"系列小说中最有名、最具代表性的作品。作者怀德根据自己的成长经历，花了10年的心血完成了"小木屋"系列小说。这套书记录了在美国西部拓荒热潮中，怀德从两岁开始，就跟着爸爸妈妈四处迁移，艰苦开拓，直至拥有幸福生活的人生经历。凭着这一部百科全书式的《小木屋》，怀德成为美国儿童文学作家"梦之队"的成员（"梦之队"成员全美仅三个）。

在"小木屋"这套书中，怀德以她细腻、诚恳的笔法，将一个女孩的成长写得生动感人，更将父母手足间的亲情，她和阿曼乐含蓄隽永的夫妻之情，以及拓荒时代人们的勤奋、勇敢、对大自然的虔敬等表现得淋漓尽致。"小木

屋"系列的可贵之处就在于——它不但记录了美国拓荒时代的历史，更记录了个人的成长。

精彩片段赏读

　　佩特和帕蒂开始轻快地小跑起来，仿佛它们也感到很高兴。罗兰紧紧抓住车篷架，站立在颠簸的篷车上。她从爸的肩头上往远处起伏的绿色草浪望去，可以看见那些树，而那些树同她以前看过的树都不一样，它们长得还没有灌木丛高。

　　"吁——"爸突然让马停下。"现在该走哪条道呢？"他又轻声自言自语道。

　　道路在这儿分成了两条，你看不出哪条道走的车要多一些。两条道的草皮上都留有模糊的车辙。一条道往西，另一条道是稍稍有点下坡的路，朝向南。两条道往前都很快消失在高高的、在风中起伏的草丛中。

　　"我想，还是走下坡的道好些。"爸拿定了主意，"小溪在下面的洼地里，这应该是通向渡溪浅滩的路。"他让佩特和帕蒂转向南走。

　　这条道的路面轻微起伏，先下坡再上坡，接着又再下坡和上坡。那些树现在看来近了点，但并没有变得高一些。接着，罗兰忽然被吓得透不过气来，紧紧抓住了车篷架，因为从佩特和帕蒂的鼻子下面望过去，竟然看不见摇摆的草了，甚至连地面也完全看不见了。她朝远处望去，从树丛顶端上望去，什么也没有。（车子走到了悬崖边，境况十分危险，读者读到此处也不由得跟着提心吊胆。）

　　道路在这里拐了个弯，有一小段路是沿着悬崖顶走的，接着又突然下一个陡坡。爸拉住刹车杆，佩特和帕蒂奋力往后撑住，几乎就要蹲坐下来了。车轮慢慢向前滑动，篷车一点儿一点儿地沿着陡峭的斜坡滑到了平地上。篷车两边高耸着锯齿状的红土悬崖，悬崖顶端的草丛随风

摇摆着，但在裂隙密布的笔直的悬崖壁上却一点草也没长。崖壁热烘烘的，热气直扑到罗兰的脸上。风仍然在头顶上刮着，但是吹不进悬崖下面这道深深的沟槽中来。周围一片寂静，显得怪怪的、空荡荡的。（周围环境的寂静更衬托了旅程的艰险。）

——节选自《草原上的小木屋》第二章《强渡溪流》

海 蒂

[瑞士]约翰娜·斯比丽/著

邵灵侠/译

浙江文艺出版社

这是一部永远也不会过时的小说。

约翰娜·斯比丽（1827—1901），瑞士著名儿童文学作家。她出生于瑞士苏黎世附近的一个小村庄，父亲是一名医生，母亲是一名诗人，她从小受到了良好的教育。1871年，约翰娜·斯比丽夫人首次推出一部短篇作品集，大受欢迎。从1879年起，斯比丽写了大量以阿尔卑斯山区为背景的儿童文学作品，这些作品冠以总书名《献给孩子以及那些热爱孩子的人们的故事》，其中最著名的就是《海蒂》。

认识这本书

　　《海蒂》是一部以情动人的文学名著，在这部书里，始终贯穿着一个浓缩于海蒂身上的"爱"的主题。作者通过优美的笔触，把一个无比可爱，充满爱心的海蒂栩栩如生地展现在读者眼前，使我们仿佛看到了一个爱的天使、爱的化身。海蒂虽然出身贫寒，但却有一颗金子般的心，她的人格魅力、她的纯真善良深深地感染着周围的人，并使饱经磨难、离群索居的爷爷重新回到了人们中间，对生活有了新的认识和感悟。此外，长年与轮椅相伴的富家少女克拉拉，贪玩厌学的牧羊娃彼德，陷于丧女之痛的医生，在贫困和黑暗中艰难度日的瞎眼老奶奶，他们的生活都在海蒂的影响和帮助下变得美好并充满希望。

　　《海蒂》之所以能成为百年经典之作，除了它的主题为世人所崇尚，内容感人至深以外，作者文笔之优美，描写之细腻，着实令人叹为观止，读来身心愉悦，能获得极高的文学滋养。

精彩片段赏读

　　一大早，小海蒂就被响亮的哨声叫醒了。她睁开眼睛，看见金色的阳光照在床铺和旁边的干草上，周围的一切都变得金灿灿的。（朴素的文字却营造了唯美温暖的意境。）小海蒂吃惊地看了看四周，一点也想不起自己是在哪儿。

　　这时，从外面传来爷爷低沉的嗓音，她一下就全明白过来了。她想起自己是从哪儿来，还想起自己现在已经不是在乌尔赛奶奶那儿，而是在阿鲁姆爷爷家里。

　　那位老奶奶耳朵几乎什么都听不见，还很怕冷，总是坐在厨房的灶火边或是屋子里的暖炉旁。所以，海蒂也就必须呆在那儿或是离那儿不远的地方。总之，因为奶奶耳朵听不见，她就必须在奶奶能看得到的范围内。一在奶奶旁边坐着，她就觉得受不了，总想跑出去。所以，现在在这样一个新住处睁开眼睛，想起昨天看见了多少新鲜有趣的东西啊，而且今天还能看到它们，尤其是想到那两只"天鹅"和"小熊"，海蒂心里甭提多高兴了。（海蒂的所思所想和心情描写非常符合儿童的心理特点，显得真实而生动。）

　　海蒂忙从床上跳下来，没几分钟就把昨天的衣服全套上了，反正昨天穿的衣服也不过只有一两件。穿好后，她爬下梯子，跑到小屋外面。

　　一看，那个贝塔和他的羊群已经站在屋外了。爷爷正把"天鹅"和"小熊"从棚子里拉出来，领进羊群。海蒂跑到爷爷和羊群旁边问早安。

　　"你想一起去牧场吗？"爷爷问。

　　海蒂正巴望着呢，欢喜地跳了起来。

　　"不过，去之前得把脸洗干净，那么脏，会被干干净净的太阳公公笑话的。那儿，水在那儿准备着呢。"

　　爷爷用手指了指门口被太阳照着的满满一大桶水。小海蒂跑过去，

哗啦哗啦地又洗又搓，撩上水的身体被照得闪闪发亮。（简洁生动的细节描写，表现了小海蒂欢快、愉悦的心情。）❀

——选自《海蒂》第一部《海蒂的学习和漫游岁月》第三节《在牧场》

小公主

[美国] 弗朗西斯·霍奇森·伯内特/著
姚锦镕、曹洁/译
人民文学出版社

一部催人泪下的灰姑娘式的儿童小说。

弗朗西斯·霍奇森·伯内特（Frances Hodgson Burnett，1849—1924），英语世界中家喻户晓的儿童文学作家，出生于英国，1865年移居美国。因为家境贫困，伯内特从十几岁开始就撰写短篇小说与故事，以赚稿费贴补家用。她一生著有50部小说与故事集，但人们至今仍在广泛阅读的还是她的三部儿童小说，即《小爵爷》、《秘密花园》、《小公主》。

认识这本书

　　《小公主》写的是19世纪的故事。小主人公——英国女孩萨拉·库鲁，刚生下来母亲就去世，父亲在印度经营钻石矿，十分富有。在她七岁的时候，她被父亲送回伦敦，在明卿女士办的一所高级女童培育院住读。她刚入学时，穿着像个小公主似的。可是后来传来坏消息，说萨拉·库鲁的父亲破产身亡，没有音信。明卿女士的态度完全改变，觉得她成了自己的累赘，把她从小公主变成了最低贱的使女，从原来漂亮的房间被赶到寒冷简陋的阁楼上去栖身。但是最困难的时候她始终坚强地生活，不卑不亢，还乐于帮助别人。到头来，原来她父亲死后还留下了一大笔遗产，她父亲的朋友找到了萨拉·库鲁并把她接走了，使明卿女士恼丧不已。这本书既刻画了心地善良、不怕困苦的萨拉·库鲁，又对明卿女士那种势利小人作了淋漓尽致的讽刺。

精彩片段赏读

　　说话间，明卿小姐进了起居室。萨拉觉得明卿小姐活像她的房子：高大、阴沉、体面而丑陋。她生就一双冷漠而呆滞的大眼睛，脸上露出明显的冷漠而呆滞的笑容。（透过萨拉的眼睛，刻画了明卿小姐冷漠、阴沉的形象，为以后萨拉被明卿虐待作了铺垫。）她一看到萨拉和克鲁上尉，立刻喜笑颜开起来。是一位女士把她的学校推荐给了克鲁上尉，而明卿小姐又从那位女士口中听到不少关于这个年轻军官令人求之不得的好事，其中就有：据说他是个很有钱的父亲，愿意在自己的小女儿身上花大把大把的钱。

　　"能接纳这么一个漂亮且前途无量的孩子，那是我莫大的荣幸，克鲁上尉。"她说着，拿起萨拉的手抚摸起来，"梅雷狄斯女士跟我说过，这孩子聪明过人。在我这样的学校里，聪明的孩子可都是无价之宝。"（语言描写，过分的恭维和夸奖表现了明卿小姐的虚伪和势利。）

　　萨拉默默地站着，眼睛盯着明卿小姐的脸，脑子里照例冒出些怪念头。

　　"她干吗说我是个漂亮的孩子？"她心想，"我压根不漂亮。上校格兰吉的小女儿伊莎贝尔，那才叫漂亮哩。她有一对酒窝，红扑扑的脸蛋儿，长长的金发。可我呢，头发又黑又短，眼睛是绿色的。这还不算，我还长得瘦瘦的，压根算不上漂亮，我见过的孩子里，哪个都比我漂亮，瞧她一开始就瞎编一气了。"

　　不对，她可不是自己想的那样是个难看的孩子。她跟伊莎贝尔·格兰吉确实不一样，人家是军团之花，可她有她自己独特的魅力。她身材苗条、行动灵巧，像她这样小小年纪的孩子，她的个子算是高的。她那张小脸儿充满着活力，挺逗人爱。她满头的浓发乌黑发亮，只在发梢卷了起来。不错，她的眼睛确实是灰中带绿，但是长得大大的，很美，又有长长的黑睫毛，尽管她自己不喜欢灰绿色的眼睛，可很多别的人喜欢。然而她认定了自己是个难看的小姑娘，所以明卿小姐的一番奉承话丝毫没有使她

185

动心。

"如果我说明卿小姐长得美,那我是在瞎编乱造。"她想,"我应该知道自己在瞎编乱造。我相信自己长得和她一样丑——只是丑得不一样罢了。她干吗要说我漂亮呢?"(对萨拉的心理活动的描写表现了她单纯、诚实的性格。)✳

——节选自《小公主》第一章《萨拉》

假如给我三天光明

[美国]海伦·凯勒/著
李汉昭/译
华文出版社

这是一部"不抛弃，不放弃"寻找光明和奉献爱心的文学经典。

海伦·凯勒（1880—1968），美国盲聋哑学者、女作家。儿时的一场大病夺去了海伦的美好童年，但是她以常人无法想象的勇气和毅力，在逆境中崛起，挑战生命的极限，不仅学会了说话，而且学会了英、法、德、拉丁、希腊等多种语言，成为世界上第一个完成大学教育的盲聋哑人。她的事迹震撼了整个世界，她曾获得总统自由勋章，入选美国《时代周刊》评选的"20世纪美国十大英雄偶像"。

认识这本书

《假如给我三天光明》完整系统地介绍了海伦·凯勒真实而伟大的一生。在她19个月失去视觉和听觉后，就与世界失去了沟通、联系，这个幼小的生命因此变得古怪、粗暴、无礼，直至她的莎莉文老师走进了她的生活，教会她认字，才使她张开了心灵的眼睛。对知识的强烈渴求，使她在常人难以想象的单调和枯燥中学会了多国语言，阅读了多部文学和哲学名著，并吸取着那些伟人和智者的思想精髓。

全书内容真实，无丝毫矫揉造作，从头至尾都是真情实感的流露，语言热切、朴素、真挚，并且充满了丰富优美的想象，堪称传世美文，具有感染人、鼓舞人的神奇力量。

精彩片段赏读

　　家人还告诉我，在我刚满周岁时就会走路了。我母亲把我从浴盆中抱起来，放在膝上，突然间，我发现树的影子在光滑的地板上闪动，就从母亲的膝上溜下来，自己一步一步地、摇摇摆摆地去踩踏那些影子。

　　春光里百鸟啁啾，歌声盈耳，夏天里到处是果子和蔷薇花，待到草黄叶红已是深秋来临。三个美好的季节匆匆而过，在一个活蹦乱跳、咿呀学语的孩子身上留下了美好的记忆。（与随后的87年黑暗时光相比，这种对美好时光的描写只能让人感到更加惋惜和心痛。）

　　然而好景不长，幸福的时光总是结束得太早。一个充满知更鸟和百灵鸟的悦耳歌声且繁花盛开的春天，就在一场高烧的病痛中悄悄消失了。在次年可怕的2月里，我突然生病，高烧不退。医生们诊断的结果，是急性的胃充血以及脑充血，他们宣布无法挽救了。但在一个清晨，我的高烧突然退了，全家人对于这种奇迹的发生，当时惊喜得难以言喻。但是，这一场高烧已经让我失去了视力和听力，我又像婴儿一般蒙昧，而他们，我的家人和医生，却全然不知。

　　至今，我仍能够依稀记得那场病，尤其是母亲在我高烧不退、昏沉沉痛苦难耐的时候，温柔地抚慰我，让我在恐惧中勇敢地度过。我还记得在高烧退后，眼睛因为干枯炽热、疼痛怕光，必须避开自己以前所喜爱的阳光，我面向着墙壁，或让自己在墙角蜷伏着。后来，视力一天不如一天，对阳光的感觉也渐渐地模糊不清了。

　　有一天，当我睁开眼睛，发现自己竟然什么也看不见，眼前一片黑暗时，我像被噩梦吓到一样，全身惊恐，悲伤极了，那种感觉让我今生永远难以忘怀。（心理描写，写出了作为正常人的我们体验不到的痛苦和惊恐。）

　　失去了视力和听力后，我逐渐忘记了以往的事，只是觉得，我的世界充满了黑暗和冷清。一直到她——莎莉文小姐，我的家庭老师到来，她减轻了我心中的负担，重新带给我对世界的希望，并且打开我心中的眼睛，点燃了我心中的烛火。（形象的比喻，表明莎莉文小姐对于"我"的重要意义。）

虽然我只拥有过19个月的光明和声音，但我却仍可以清晰地记得——宽广的绿色家园、蔚蓝的天空、青翠的草木、争奇斗艳的鲜花，所有这些一点一滴都铭刻在我的心坎上，永驻在我的心中。❀

——节选自《假如给我三天光明》

卓娅和舒拉的故事

[苏联]科斯莫杰米扬斯卡娅/著
苏卓兴、陶薰仁、毛蔚/译
译林出版社

　　一本由英雄母亲创作的介绍苏联卫国战争时期青年英雄的小说。

　　科斯莫杰米扬斯卡娅是苏联卫国战争中光荣牺牲的著名英雄人物卓娅和舒拉的母亲。在伟大的卫国战争期间，卓娅和她的弟弟舒拉先后在反抗德国法西斯的战斗中牺牲。柳·科斯莫杰米扬斯卡娅把她的这两个孩子的成长过程写成了《卓娅和舒拉的故事》这本书。

认识这本书

　　本书是一本介绍苏联卫国战争时期青年英雄的图书。20世纪20年代卓娅和舒拉出生于苏联的一个普通劳动人民家庭。1941年，德国法西斯背信弃义入侵苏联，还在读中学九年级的卓娅辞别母亲，自愿加入游击队。在经过短期培训后，她和同志们一起深入敌占区埋地雷、烧敌营，表现得机智勇敢。1941年9月的一天，她在烧毁敌人的马厩时不幸被捕。凶残的德寇对卓娅进行了种种摧残和侮辱，坚强的卓娅承受住了所有非人的折磨，没有泄露游击队的任何秘密。敌人恼羞成怒，绞死了卓娅。卓娅牺牲后，弟弟舒拉怀着为姐姐报仇的决心进入坦克学校参加培训。不久，他驾着坦克奔赴前线，奋勇杀敌。在战场上，他镇定勇敢，屡建功勋，最后在1945年4月——"二战"胜利前夕，他不幸牺牲在自己的指挥岗位上。

精彩片段赏读

那天夜里我们没能睡觉，在黎明前我们的院子里传出了消息：一颗炸弹落在学校里了。

"落在我们的学校里么？落在二〇一学校里么？"卓娅和舒拉同时喊叫起来。

我还没来得及说出一句话来，他们已经离开原地奔向学校去了。我没有他们走得快，可是让我留在家里简直是不可能。

我们迅速地、默默地走着，直到由远处看见了学校的楼房，才轻快地喘了一口气：学校依然完整地屹立着，没有被破坏。

真的没有被破坏吗？不，只是由远处看来仿佛是这样。更走近些，我们看见：炸弹落在学校前边了，气浪把所有的窗户都打下来了。无论往哪里看，周围全是玻璃，玻璃，玻璃……（"玻璃"一词的重复使用，形象地表明了炸弹气浪对窗户破坏的严重性。）它到处凄凉地闪烁着，在脚下嘎嘎响着。学校变成瞎子了。这座一向安静的大楼现出了可怜的神气：正像一个身强力壮的人忽然失明了。我们不觉地停下了脚步，以后就慢慢地步上了台阶。我沿着走廊走着，这就是一个月以前，在举行毕业舞会的那一夕我曾走过的那条走廊。那时候在这里有音乐的声音，欢乐的声音，一切都充满着青春和愉快。现在门窗都被震掉了，脚底下全是碎玻璃和壁上落下来的灰片……（今昔对比，更衬托了学校大楼目前被炸坏景象的凄惨。）我们又遇见了几个高年级班的同学，舒拉和他们一起往什么地方（似乎是地窖）跑去了。我无意地随着卓娅走，一会儿我们就已经来到图书馆门前了。顺着四壁立着空的书架子：仍是那爆炸的气浪，像一只恶狼的大爪子一样，把书由架上扫下来，零乱地掷到桌上和地下了。（比喻贴切，动词运用准确，形象地表现了图书馆被破坏的情景。）到处乱扔着书：在杂乱的书堆中忽然看见研究院出版的《普希金全集》的淡黄色书皮，忽然看见《契诃夫全集》的蓝色书皮。我差一点儿踏着一卷皱折着的屠格涅夫的书，我正弯腰拾它，又看见了被一层灰尘遮盖着的一本席勒的书。由打开着的一大

191

本书里，堂·吉诃德的画像惊讶地看着我。在这些乱书中，一位中年妇人坐在地板上啼泣。

————节选自《卓娅和舒拉的故事》中《最初的炸弹》

麦琪的礼物

[美国]欧·亨利/著
李文俊 等/译
北京燕山出版社

欧·亨利（O.Henry，1862—1910），美国著名短篇小说家，世界三大短篇小说巨匠之一。他以描写纽约市井生活著称，有"曼哈顿的桂冠诗人"之称。但他并非土生土长的纽约人，原名威廉·西德尼·波特，生于北卡罗来纳州的一个小镇。他的一生极富传奇，曾被指控挪用银行公款而被判刑入狱5年，在狱中，他为了供女儿上学，开始写短篇小说。

欧·亨利一生写了270多篇短篇小说，这些作品以"含泪微笑"的风格被誉为"美国生活的幽默百科全书"。1918年，美国设立一年一度的"欧·亨利纪念奖"，专门奖励短篇小说的成就。

认识这本书

百年来，欧·亨利的小说在全世界一版再版，始终拥有大量的读者，足见其作品的生命力。本集子收录了这位短篇小说大师在艺术上最具特色的代表作，包括《麦琪的礼物》、《最后的一叶》、《警察和赞美诗》等脍炙人口的精品，它们代表欧·亨利作为一个小说家的最高成就。

欧·亨利笔调幽默，善于使用双关语，而且小说的结尾都能做到"出乎意料之外而又合乎情理之内"，这就是著名的"欧·亨利式结尾"。

精彩片段赏读

　　苏比躺在麦迪生广场他那条长凳上，辗转反侧。每当雁群在夜空引吭高鸣，每当没有海豹皮大衣的女人跟丈夫亲热起来，每当苏比躺在街心公园长凳上辗转反侧，（排比，三个"每当"层次感极强，第一个是自然现象，第二个"每当"用调侃的语言揭露了资本主义的社会现象，第三个"每当"既照应了开头，又深入了一步。）这时候，你就知道冬天迫在眉睫了。

　　一片枯叶飘落在苏比的膝头，这是杰克·弗洛斯特的名片。杰克对麦迪生广场的老住户很客气，每年光临之前，总要先打个招呼。他在十字街头把名片递给"露天公寓"的门公佬"北风"，好让房客们有所准备。（作者巧妙地将霜冻（frost）作为对一个人的称呼，把经霜的枯叶比作弗洛斯特的名片，同时又把麦迪生广场说成是"露天公寓"，将北风暗喻成"门公佬"。谐音、拟人、比喻等修辞手法熔为一炉，含蓄地传达了苏比企求入狱过冬的急切心情。）

　　苏比明白，为了抵御寒冬，由他亲自出马组织一个单人财务委员会的时候到了。（作者在"财务委员会"之前冠以"单人"二字，就构成了一个实际上并不存在的概念，因而显得荒唐可笑、幽默十足。）为此，他在长凳上辗转反侧，不能入寐。

　　苏比的冬居计划并不过奢。他没打算去地中海游弋，也不想去晒南方令人昏昏欲睡的太阳，更没考虑到维苏威湾去漂流。（作者用夸张的笔调，故意郑重其事地否认谁也不会认为可能存在的相当可笑的事，十分幽默。）他衷心企求的仅仅是去岛上度过三个月。整整三个月不愁食宿，伙伴们意气相投，再没有"北风"老儿和警察老爷来纠缠不清，在苏比看来，人生的乐趣也莫过于此了。

　　多年来，好客的布莱克威尔岛监狱一直是他的冬季寓所。（"好客"是反语，嘲讽了美国的监狱里关了很多囚犯，而在监狱外面的流浪汉冬天里的处境反而不如在监狱中——幽默中包含了多少辛酸！）正如福气比他好的纽约人每年冬天要买票去棕榈滩和里维埃拉一样，苏比也不免要为一年一度的"冬狩"作些最必要的安排。（对比，叙述口气宛如一位百万富翁想换种粗浅的享

受方式一般，这与苏比穷困潦倒、走投无路的境况形成了极不协调的对比，令人捧腹。）现在，时候到了。✵

————节选自《麦琪的礼物》中《警察与赞美诗》

居里夫人传

[法国]艾芙·居里/著

左明彻/译

商务印书馆

> 她一生中最伟大的科学功绩之所以能取得，不仅仅是靠大胆的直觉，而且也靠着在难以想象的极端困难的情况下工作的热忱和顽强。居里夫人的品德和热忱，哪怕只要有一小部分存在于欧洲的知识分子中间，欧洲就会面临一个比较光明的未来。
>
> ——爱因斯坦

艾芙·居里（1904—2007），优秀音乐家和人物传记作家，法国科学家皮埃尔·居里与玛丽亚·居里的小女儿，曾为母亲撰写传记《居里夫人传》。

认识这本书

《居里夫人传》一书详尽回顾了居里夫人这位影响过世界进程的伟大女性不平凡的一生，也介绍了皮埃尔·居里的事迹，着重描写了居里夫妇的工作精神和处世态度。

艾芙一开始就承认她要叙述的是一个传奇故事，她从六个方面介绍了居里夫人的一生：一是作为殖民统治下的波兰的受压迫人民的清贫生活；二是华沙与巴黎的个人生活；三是提取镭元素的辛劳；四是过早地遭遇丧偶的不幸；五是"一战"期间在战场上进行救护服务所遭受的身体过度疲劳；六是居里夫人对待财富的态度。此外，艾芙还生动地描写了居里夫人在这些苦难的基础上所取得的幸福与成就，使得本书成为一本很翔实的个人记录。

精彩片段赏读

为了要把钋和镭指给不相信的人看，为了要向世界证实他们的"孩子"的存在，也为了要使自己完全有把握，居里先生和夫人还须工作四年。（表现居里夫妇不畏科学权威的研究态度。）

他们的目标是要取得纯镭和纯钋。在这两个学者已经提炼成的放射性最强的产物中，这两种物质仍只有不易觉察的痕迹。

玛丽·斯可罗多夫斯基的学生生活中最愉快的时期，是在顶楼里度过的；玛丽·居里现在又要在一个残破的小屋里，尝到新的极大的快乐了。这是一种奇异的新的开始，这种艰苦而且微妙的快乐无疑地在玛丽以前没有一个妇女体验过，她两次都挑选了最简陋的布景。

娄蒙路的棚屋工作室，可以说是不舒服的典型。在夏天，因为棚顶是玻璃的，棚屋里面燥热得像温室。在冬天，简直不知道是应该希望下霜还是应该希望下雨，若是下雨，雨水就以一种令人厌烦的轻柔的声音，一滴一滴地落在地上，落在工作台上，落在这两个物理学家的标上记号永不放仪器的地方；若是下霜，就连人都冻僵了，没有方法补救。那个炉子即使把它烧到炽热的程度，也令人完全失望，走到差不多可以碰着它的地方，才能感受到一点暖气，可是离开一步，立刻就回到寒带去了。（极力渲染工作室的艰苦条件，从而也表现了居里夫人的顽强毅力。）

不过，玛丽和比埃尔要习惯室外的严寒，这也是很需要的。他们的微不足道的设备，没有把有害气体放出去的叫做"通风罩"的装置，而且大部分炼制工作必须在院子的露天里进行。每逢骤雨猝至，这两个物理学家就狼狈地忙把设备搬进棚屋，大开着门窗让空气流通，以便继续工作，而不至于被烟熏得窒息。

从1898年到1902年，居里先生和夫人就是在这种条件下工作的。第一年里，他们共同从事镭和钋的化学离析工作，并且研究他们所得到的活性产物的放射性。不久，他们认为分工的效率比较高，比埃尔·居里便试着确定镭的特性，以求熟悉这种新金属。玛丽继续炼制，提取纯镭盐。

197

在这种分工中，玛丽选了"男子的职务"，做的是壮汉的工作，她的丈夫在棚屋里专心作细致的实验。玛丽在院子里穿着满是尘污和酸迹的旧工作服，头发被风吹得飘起来，周围的烟刺激着眼睛和咽喉，她独自一个人操纵一个工厂。（细节描写。）

——节选自《居里夫人传》

春雨的悄悄话

樊发稼/著
湖北少年儿童出版社

本书为全国优秀少儿读物奖获奖作品。

樊发稼（1937—　），儿童文学作家、评论家，上海市崇明县人。1955年开始发表文学作品。曾任中国作家协会第三届至第五届全国优秀儿童文学奖评委会副主任，第六届宋庆龄儿童文学评委会主任。出版有《儿童文学的春天》等10本评论集，《春雨的悄悄话》等42本作品集等。

认识这本书

　　《春雨的悄悄话》主要包括：小娃娃的歌、春雨的悄悄话、大自然抒情、雨丝风片四个部分。通过阅读本书，小读者们不但能结识许多新朋友，如流星娃娃、露珠娃娃、蒲公英妹妹等，还能学会一些哲理，如："贪睡懒觉的人，是看不到启明星的"，"千方百计掩盖自己的无知，你就永远是个无知者"，"真理之花常常开放，谎言的喇叭总是大叫大嚷"。另外，读者还能从他的作品中知道许多大自然的奥秘，如：负氧离子，它"能给花朵增添沁人的芳馨，为生命注入蓬勃的活力。这个世界，不仅需要泥土、水和阳光，也需要负氧离子"。

精彩片段赏读

秋姑姑

天气渐渐凉了，

在瑟瑟秋风前，

飞舞着黄的树叶红的树叶，

这里一簇，那里一片。

哦，那是秋姑姑

寄给大地母亲的

一张张彩色的信笺——

信上说：

雪花姐姐，

快要回来过年。

辽阔的大海

辽阔的大海，

像天底下

一块没边没沿的

蔚蓝色的锦缎；

来往的船只，

像一个个大熨斗。

船啊，船啊！

你是想把

波浪起伏的大海，

全都熨平吗？

总评： 这两首诗构思独特，想象丰富。第一首诗，诗人把飞舞的树叶想象成秋姑姑的信笺，巧妙展现了秋天的季节特点。第二首诗，把海上过往的船只比喻成熨斗，表现了大海波涛起伏的特点。✳

——选自《春雨的悄悄话》

201

向着明亮那方

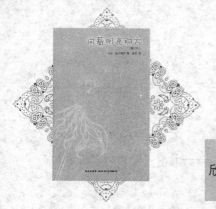

[日本]金子美铃/著
吴 菲/译 苏 打/图
新星出版社

> 我偶然读到金子美铃。这些童谣真是童啊，欣喜莫名！
>
> ——陈村（著名作家）

金子美铃（1903—1930），活跃于20世纪20年代的日本童谣诗人，去世时年仅27岁，其作品一度被世人遗忘。1984年，金子美铃生前留下的三本手抄童谣诗集共572首作品正式续集出版，即刻受到瞩目，并广为流传。迄今为止，金子美铃的多首代表作被收录于日本的小学国语课本中，其作品已被翻译成包括中文在内的英、法、韩等七国文字。

认识这本书

　　《向着明亮那方》分为"夏"、"秋"、"春"、"冬"、"心"、"梦"六卷。全书187首童诗中，贯穿始终的情怀是宽容善良、至纯至美。她"以一颗清丽的心，俯仰天地，与万物、平等、慈悲同在"。每一首诗都明澈如溪、晶莹如雪、碧翠如玉，传递的是一阕生命的乐章，有梦的视野和心灵的顿悟。

　　金子美铃的故乡仙崎像鸟喙探进日本海里，她在童谣中纵情歌唱了这个美丽小镇的景物和生活。她犹如一位魔法师，"点物成诗"，将自然的四季、童年的四季、心灵的四季描绘得纯美无瑕，斑斓至极。有人称她为"纯色金子美铃"，果真恰当至极。金子美铃写知了、写金鱼、写挨骂的小孩，充盈着飞扬的想象力；她写千屈菜、帆船和蔬菜店，写海浪的遗忘和无可避免的孤独，虽有一种若有所失的寂寞，但更有像桂花灯一样暖融融的氛围。

精彩片段赏读

露 珠

谁都不要告诉

好吗？

清晨

庭院角落里，

花儿

悄悄掉眼泪的事。

万一这事

说出去了，

传到

蜜蜂耳朵里，

它会像

做了亏心事一样，

飞回去

还蜂蜜的。

总评：这首童谣就像是由几十字构成的童话，有角色有故事，更有换位思考的情感起伏，描摹出一幅生动的自然图景。最后几句表露的隐约担心，可算是金子美铃童谣的一大特色——无忧无虑的童稚世界，总归是相对的，凡事都有无法回避的不尽人意之处，唯因如此，才使得那些简单的美好更珍贵。

转校生

外地来的孩子

可爱的孩子

怎么样呢，好伙伴

他能找到吗

午休的时候

瞧上一眼

那孩子正靠在

樱花树下

外地来的孩子

外地的话

是什么话呢

若开口的话

回家的路上

不经意却看到

那孩子的好伙伴

已经找到了

总评：转学意味着陌生，会让人觉得自己身处窘境，孤独感油然而生。可是，中午还一个人靠在樱花树下的孩子，放学的路上就不再形只影单，他身旁已经有另一个身影陪伴……作者用简短的话语告诉我们：结交新伙伴是转校生适应新环境的第一步。❁

——选自《向着明亮那方》

妹妹的红雨鞋

[中国台湾]林焕彰/著
湖北少儿出版社

> 表现想象的美和人性的真与善的真正的儿童诗。

林焕彰（1939—　），台湾宜兰人，台湾儿童文学作家，台湾《联合报》副刊编辑。20世纪60年代初开始发表作品，是台湾儿童文学学会第一届常务理事和总干事，创办了《儿童文学家》季刊。出版有《牧云初集》、《斑鸠与陷阱》、《童年的梦》、《小河有一首诗》、《妹妹的红雨鞋》等四十余种新诗集、儿童诗集和诗论集。

认识这本书

　　林焕彰的童诗清新朴实，没有过多的雕琢，却很自然地呈现出童心童趣，许多评论家都认为他的童诗意象深厚，节奏和语言富有独特的美感，具有很高的艺术性。《妹妹的红雨鞋》是林焕彰的成名作，在这首诗里，红雨鞋被赋予极亮丽的美感。在作者笔下，雨天、在雨中嬉戏的小女孩和她脚上的红雨鞋、在屋子里看妹妹快乐游戏的叙述者，组成了一幅极美也极温馨的画面。林焕彰的童诗除了节奏迷人之外，每首诗都具有清晰的画面，《坐火车》、《清晨》、《春天的早晨》都具有诗中有画的强烈效果。

精彩片段赏读

妹妹的红雨鞋

妹妹的红雨鞋，
是新买的。
下雨天，
她最喜欢穿着
到屋外去游戏，
我喜欢躲在屋子里，
隔着玻璃窗看它们
游来游去，
像鱼缸里的一对
红金鱼。

总评：诗中的"妹妹"那么稚朴，那么爱美，那么可爱，末尾诗人用了一个别出心裁的比喻，不但写出了"妹妹"的活泼，更使整首诗充溢着动感。有了这样的"妹妹"，有了这样的"红雨鞋"，童年就不再是抽象的了，就会让人向往不已。

——选自《妹妹的红雨鞋》

下巴上的洞洞

鲁 兵/著

湖北少儿出版社

入选共和国儿童文学金奖文库的经典作品。

鲁兵（1924— ），浙江金华人，儿童文学作家、编辑。鲁兵编辑过《中国儿童时报》、《童话连篇》、《小朋友》、《365夜》（故事）、《365夜儿歌》、《365夜谜语》等儿童读物。他还写了不少优秀作品。如《唱的是山歌》、《老虎外婆》、《小猪奴尼》。他还节编了古典文学作品《水浒传》、《西游记》、《说岳全传》，改写了《小西游记》、《包公赶驴》等。

认识这本书

　　《下巴上的洞洞》是曾经滋养过一代又一代少年儿童美好心灵的中国原创儿童文学经典之一，共收录童话故事48个及一些儿童诗，每个故事不仅情节生动，而且都蕴涵了一个深刻的做人道理。儿童诗简短、精炼，韵律和谐，适合儿童朗读和记忆。这些作品，都曾屡次获得各类文学奖，确实是一部很优秀的儿童文学作品集。

207

精彩片段赏读

下巴上的洞洞

从前

有个奇怪的娃娃，

娃娃

有个奇怪的下巴，

下巴

有个奇怪的洞洞，

洞洞

谁知道它有多大。

那么

一天三餐饭，

他呀

餐餐种庄稼。

可惜

啥也没有种出来，

只是粮食白白被糟蹋。

瞧他

一边饭往嘴里划，

一边

从那洞洞往下撒。

如果

饭桌是土地，

而且

饭粒会发芽。

你们听了这笑话，

都要
摸一摸下巴。
要是
也有一个洞洞，
那就
赶快塞住它。

　　总评：本诗对"下巴有个奇怪的洞洞"的孩子做了特写式的描述，为吃饭爱掉饭粒的孩子提供了一面镜子，告诉了我们要爱惜粮食的道理。诗歌语言简短、精炼、又注意押韵，非常符合儿童的语言特点，易读易记，达到了寓教于乐的效果。

　　　　　　　　　　　　　　　　　　——选自《下巴上的洞洞》

寄小读者

冰　心/著

湖北少儿出版社

> 以爱温暖世界的心房，以爱融化冰封的灵魂，以爱传递耀眼的光芒，优美文笔与澄净心灵的完美结合。

冰心（1900—1999），我国现代著名女作家、诗人。原名谢婉莹，福建长乐人。1919年她开始发表第一篇小说《两个家庭》，此后相继发表了《斯人独憔悴》、《去国》等探索人生问题的"问题小说"。1923年她毕业于燕京大学文科，赴美国威尔斯利女子大学学习英国文学，期间写有散文集《寄小读者》，其婉约典雅、轻灵隽丽、凝炼流畅的独特风格曾被人称为"冰心体"，产生了广泛的影响。

认识这本书

　　世界上有很多小孩，天天盼着自己长大——长成大人。然而有一个很著名的大人却想做回小孩，她说："有一件事，是我常常引以自傲的：就是我从前曾是一个小孩子，现在还有时仍是一个小孩子。"这个大人就是冰心。冰心是我国著名的女作家、诗人，她很喜欢孩子，为孩子们写了许多散文、诗歌和小说。上面那句话，就是她在《寄小读者》中，对孩子们说的。在她的文章中，时常出现花朵、小草、清流、流星这些小巧轻灵的名字，冰心看到这些平凡的自然之物，就像一般人看到的一样，但是她又看到了一般人看不到的东西。

精彩片段赏读

小朋友：

　　健康来复的路上，不幸多歧，这几十天来懒得很；雨后偶然看见几朵浓黄的蒲公英，在匀整的草坡上闪烁，（"闪烁"一词不仅突出了蒲公英的调皮可爱，也赋予了它高贵的地位）不禁又忆起一件事。

　　一月十九晨，是雪后浓阴的天。我早起游山，忽然在积雪中，看见了七八朵大开的蒲公英。我俯身摘下握在手里，——真不知这平凡的草卉，竟与梅菊一样的耐寒。我回到楼上，用条黄丝带将这几朵缀将起来，编成王冠的形式。人家问我做什么，我说："我要为我的女王加冕。"说着就随便地给一个女孩子戴上了。

　　大家欢笑声中，我只无言地卧在床上——我不是为女王加冕，竟是为蒲公英加冕了。蒲公英虽是我最熟识的一种草花，但从来是被人忽视，从来是不上美人头的。今日因着情不可却，我竟让她在美人头上，照耀了几点钟。

　　蒲公英是黄色，叠瓣的花，很带着菊花的神意，但我也不曾偏爱她。我对于花卉是普遍的爱怜，虽有时不免喜欢玫瑰的浓郁和桂花的清远，而在我忧来无方的时候，玫瑰和桂花也一样成粪土。在我心情愉悦的一刹那，高贵清华的菊花，也不能和我手中的蒲公英来占夺位置。

　　世上的一切事物，只是百千万面大大小小的镜子，重叠对照，反射又反射；于是世上有了这许多璀璨辉煌，虹影般的光彩。没有蒲公英，显不出雏菊，没有平凡，显不出超绝。而且不能因为大家都爱雏菊，世上便消灭了蒲公英；不能因为大家都敬礼超人，世上便消灭了庸碌。即使这一切都能因着世人的爱憎而生灭，只恐到了满山谷都是菊花和超人的时候，菊花的价值，反不如蒲公英，超人的价值，反不及庸碌了。

　　所以世上一物有一物的长处，一人有一人的价值。（升华主题，作者没有简单地停留在对蒲公英的赞美上，而是由蒲公英推及其他，表达和实践了她的博爱思想。）我不能偏爱，也不肯偏憎。悟到万物相衬托的理，我只愿

我心如水，处处相平。我愿菊花在我眼中，消失了她的富丽堂皇，蒲公英也解除了她的局促羞涩，博爱的极端，反成淡漠。但这种普遍淡漠的心，除了博爱的小朋友，有谁知道？

书到此，高天萧然，楼上风紧得很，再谈了，我的小朋友！

——节选自《寄小读者》之《通讯十七》

繁星·春水

冰 心/著
人民文学出版社

> 在冰心先生面前，我是一个读者和学生，我在中学时读了冰心先生的《春水》、《繁星》、《寄小读者》，这些诗歌、散文是我小时候最早接触的新文学作品，我当时非常崇拜她。
>
> ——杨 绛

冰心（1900—1999），我国现代著名女作家、诗人。原名谢婉莹，福建长乐人。1919年她开始发表第一篇小说《两个家庭》，此后相继发表了《斯人独憔悴》、《去国》等探索人生问题的"问题小说"。1923年她毕业于燕京大学文科，赴美国威尔斯利女子大学学习英国文学，其间写有散文集《寄小读者》，其婉约典雅、轻灵隽丽、凝炼流畅的独特风格曾被人称为"冰心体"，产生了广泛的影响。

认识这本书

　　《繁星·春水》是冰心在印度诗人泰戈尔《飞鸟集》的影响下写成的，用冰心自己的话说，是将一些"零碎的思想"收集在一个集子里。总的说来，它们大致包括三方面内容：一是对母爱与童真的歌颂；二是对大自然的崇拜和赞颂；三是对人生的思考和感悟。

　　在艺术上，《繁星·春水》形式短小而意味深长，特别是在语言上，清新淡雅而又晶莹明丽，明白晓畅而又情韵悠长，具有独特的艺术魅力。

精彩片段赏读

我们都是自然的婴孩，
卧在宇宙的摇篮里。
造物者——
倘若在永久的生命中，
只容有一次极乐的应许，
我要至诚地求着：
"我在母亲怀里，
母亲在小舟里，
小舟在月明的大海里。"

总评： 在这首诗中，作者把对母爱的歌颂、对童真的呼唤、对自然的咏叹完美地融合在一起，营造出一个至善至美的世界，感情诚挚深沉，语言清新典雅，给人以无穷的回味和启迪，是冰心小诗中最美的篇章之一。

母亲啊！
撇开你的忧愁，
容我沉酣在你的怀里，
只有你是我灵魂的安顿。
小小的花，
也想抬起头来，
感谢春光的爱——
然而深厚的恩慈，
反使她终于沉默。
母亲啊！
你是那春光吗？

　　总评：冰心小诗中的母爱往往有双重内涵：一是母爱对诗人的浸润；二是诗人对母爱的深情赞颂。这两首小诗对这种双重内涵都有所体现。它们抒发儿女对慈母的眷眷依恋之情，唱出了对慈母的爱的赞歌。比喻新颖，语言清丽，感人至深。❀

——节选自《繁星·春水》

普希金童话诗

[俄国]普希金/著
梦 海、冯 春/译
译林出版社

普希金（1799—1837），俄国著名的文学家、现代俄国文学的创始人，被誉为"俄国文学之父"、"俄国诗歌的太阳"。他出生于莫斯科一个家道中落的贵族地主家庭，一生倾向革命，与黑暗专制进行不屈不挠的斗争。他的思想与诗作，引起沙皇俄国统治者的不满和仇恨，虽然他曾两度被流放，但始终不肯屈服，最终在沙皇政府的阴谋策划下与人决斗而死，年仅38岁。

认识这本书

普希金的童话都是用诗的形式来写的。俄文的原著有严整的格律，音韵也很讲究，读起来富有节奏感和音乐美。普希金从俄罗斯人民的生活语言中汲取丰富营养，奠定了现代俄罗斯文学语言的基础。其作品被译成多种文字，流传到世界各国。

他的童话不仅仅是写给儿童的。他的童话读来不仅仅是一个个趣味盎然的故事，而且深富哲理，蕴涵着崇高的精神。他的童话给儿童以潜移默化的影响，让他们从故事里懂得爱祖国、爱人民；懂得为人要勤劳、勇敢、忠诚。他的作品鞭笞了假恶丑，歌颂了真善美。

精彩片段赏读

从前有个老头儿和他的老太婆，

住在蓝色的大海边；

他们住在一所破旧的泥棚里，

整整有三十又三年。

老头儿撒网打鱼。

老太婆纺纱结线。

有一次老头儿向大海撒下渔网，

拖上来的只是些水藻。

接着他又撒了一网，

拖上来的是一些海草。

第三次他撒下渔网，

却网到一条鱼儿，

不是一条平常的鱼——是条金鱼。（交代故事的起因。）

金鱼竟苦苦哀求起来！

她跟人一样开口讲：

"放了我吧，老爷爷，把我放回海里去吧，

我给你贵重的报酬：

为了赎身，你要什么我都依。"

老头儿吃了一惊，心里有点害怕：

他打鱼打了三十三年，

从来没有听说过鱼会讲话。

他把金鱼放回大海，

还对她说了几句亲切的话：

"金鱼，上帝保佑！

我不要你的报偿，

你游到蓝蓝的大海去吧，
在那里自由自在地游吧。"

老头儿回到老太婆跟前，
告诉她这桩天大的奇事。
"今天我网到一条鱼，
不是平常的鱼，是条金鱼；
这条金鱼会跟我们人一样讲话。
她求我把她放回蓝蓝的大海，
愿用最值钱的东西来赎她自己：
为了赎得自由，我要什么她都依。
我不敢要她的报酬，就这样把她放回蓝蓝的海里。"
老太婆指着老头儿就骂：
"你这傻瓜，真是个老糊涂！
不敢拿金鱼的报酬！
哪怕要只木盆也好，
我们那只已经破得不成样啦。"

于是老头儿走向蓝色的大海，
看到大海微微起着波澜。（环境描写，从侧面反映了老渔夫的心情。）❋

——节选自《普希金童话诗》中的《渔夫和金鱼的故事》